DEBUT D'UNE SERIE DE DOCUMENTS
EN COULEUR

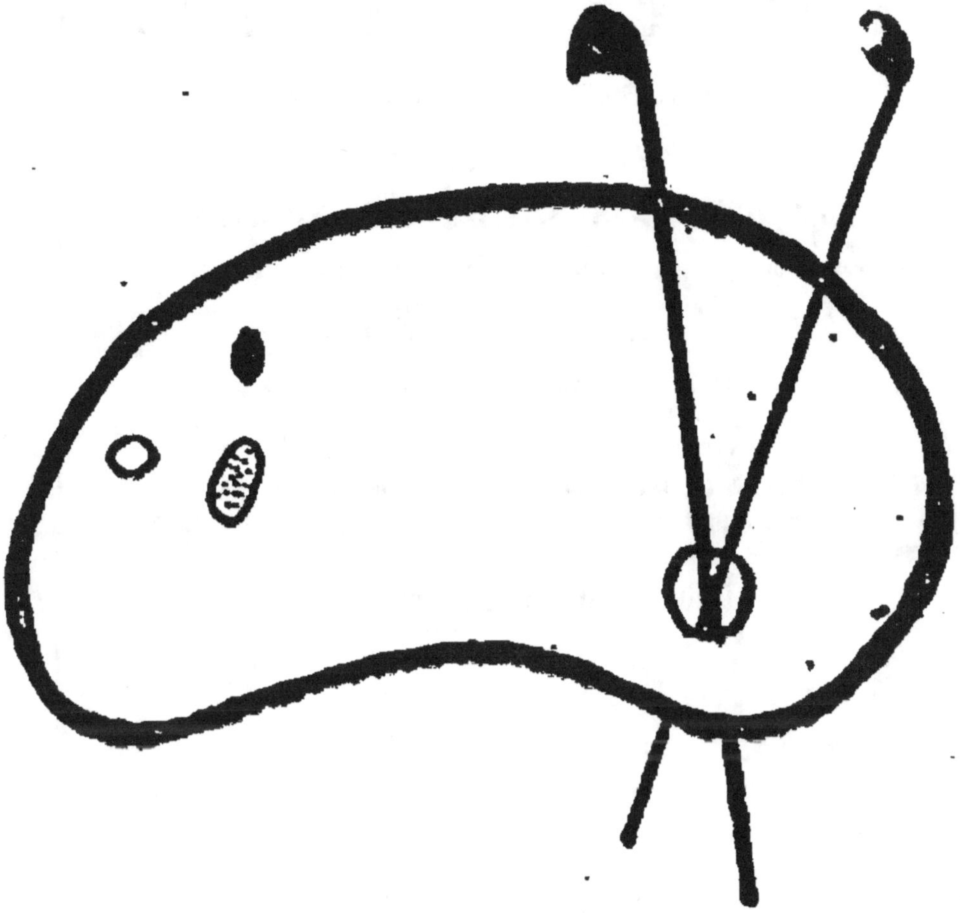

CATALOGUE

DES

CARTES ET PLANS

MANUSCRITS ET GRAVÉS

DE LA BIBLIOTHÈQUE GÉOGRAPHIQUE

DE MM. J.-D. BARBIÉ DU BOCAGE,

MEMBRE DE L'INSTITUT, PROFESSEUR A LA FACULTÉ DES LETTRES, ETC.

ET G. BARBIÉ DU BOCAGE,

GÉOGRAPHE DU MINISTÈRE DES AFFAIRES ÉTRANGÈRES,

DONT LA VENTE SE FERA LE LUNDI 20 MAI 1844 ET JOURS
SUIVANTS, A LA SALLE SILVESTRE, RUE DES BONS-ENFANTS, 30,
PAR LE MINISTÈRE DE Mᵉ JACQUIN, COMMISSAIRE-PRISEUR.

Rédigé par M. E. Cortambert.

———

SE DISTRIBUE A PARIS:

CHEZ MM.

JACQUIN, Commissaire-Priseur, rue Choiseul, 5.
DELION, libraire, successeur de M. Merlin, quai des Augustins, 47.
HACHETTE, libraire, rue Pierre-Sarrazin, 13.
ARTHUS-BERTRAND, libraire, rue Hautefeuille, 23.
PERROTIN, libraire, rue de la Fontaine-Molière, 41.
SILVESTRE, rue des Bons-Enfants, 30.
Et à l'Administration de l'Alliance des Arts, rue Montmartre, 178.

ORDRE DES VACATIONS.

1re vacation, lundi 20 mai.

Atlas généraux, Cartes en collections, Mappemondes, Océans et grandes mers, Cartes générales d'Europe . . . . . . N° 1 à 114

2e vacation, mardi 21 mai.

France . . . . N° 115 à 425

3e vacation, mercredi 22 mai.

Belgique, Hollande, Suisse, Allemagne, Autriche, Prusse, Russie, Pologne, Suède, Norvége, Danemark. . . . . . N° 426 à 855

4e vacation, jeudi 23 mai.

Iles Britanniques, Espagne, Portugal, Italie, Turquie, Grèce.
N° 856 à 1254

5e vacation, vendredi 24 mai.

Asie, Afrique, Amérique, Océanie. . . . . . N° 1255 à 1610

6e vacation, samedi 25 mai.

Géographie ancienne et sacrée, Géographie du moyen âge, Cartes géologiques et minéralogiques, Tableaux historiques, Archéologie, Blason, Paysages, Mécanique, etc. . . . . . . N° 1611 à 1831

On pourra voir les Cartes dans la journée de chaque vacation, depuis une heure jusqu'à trois.

Les acquéreurs paieront, en sus du prix d'adjudication, 5 c. par franc, applicables aux frais.

Les commissions pourront être adressées à l'Administration de l'Alliance des Arts, rue Montmartre, 178.

Paris. — Imprimerie d'A. René et Comp., rue de Seine, 32.

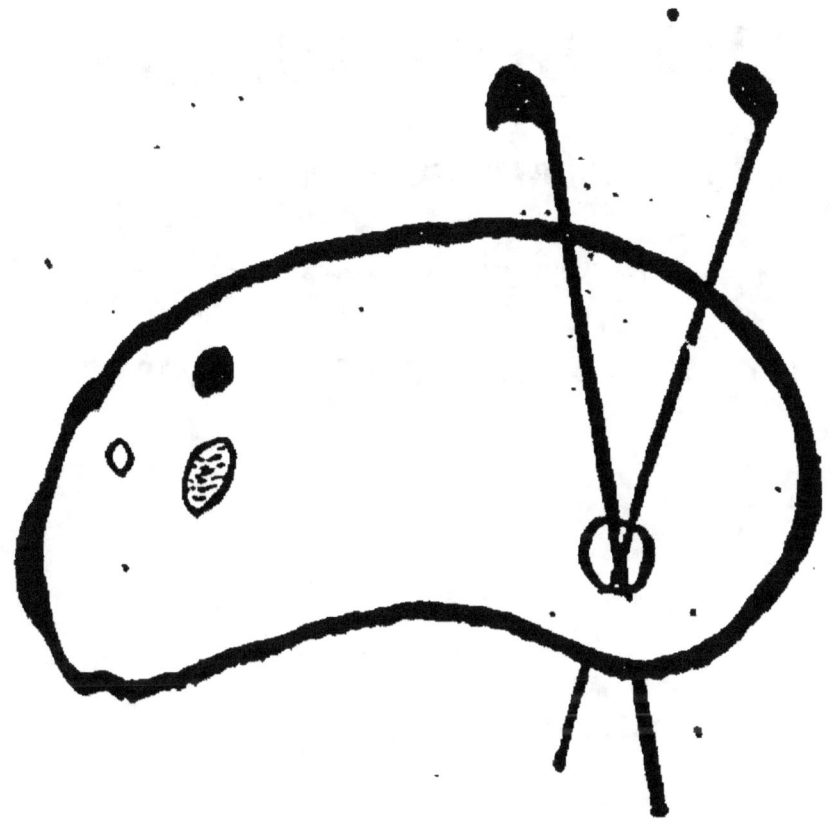

FIN D'UNE SERIE DE DOCUMENTS
EN COULEUR

CATALOGUE

DES

CARTES ET PLANS

MANUSCRITS ET GRAVÉS

DE LA BIBLIOTHÈQUE GÉOGRAPHIQUE

DE MM. J.-D. ET G. BARBIÉ DU BOCAGE.

PARIS

IMPRIMERIE D'A. RENÉ ET Cⁱᵉ,

RUE DE SEINE, 32.

1844

Les titres des cartes en collections seront indiqués séparément le jour de la vente.

Plusieurs numéros du Catalogue pourront être réunis en un seul lot.

Ajouter aux cartes en collections, sous le n° 17 bis, 123 cartes de Vander-Aa, pour l'intelligence des voyages.

ATLAS GÉNÉRAUX,
CARTES EN COLLECTIONS.

1. Environ 700 cartes de N. SANSON et de ses fils, disposées en cinq collections, dont une se compose de 326 feuilles différentes.

2. 170 tableaux de divisions, par le même, en trois collections.

3. 69 cartes de DUVAL, en deux collections, dont l'une forme un atlas de 40 feuilles, composé principalement pour les itinéraires et les voyages modernes.

4. 120 cartes de G. DELISLE, dont 100 forment une collection de feuilles différentes.

5. Géographie ancienne de D'ANVILLE; un gros vol. in-folio, avec sept cartes.

6. Environ 750 cartes de D'ANVILLE, distribuées en huit collections, dont une se compose de 200 feuilles différentes, et une autre de 67 cartes manuscrites.

7. Atlas d'Italie, d'Angleterre, d'Écosse et d'Irlande, par Guillaume et Jean BLAEUW, avec textes. Ces atlas, en feuilles détachées, forment la matière de 2 gros vol. in-folio.

8. Environ 600 cartes de J.-D. BARBIÉ DU BOCAGE, en plusieurs collections, dont l'une comprend 244 cartes manuscrites, publiées; — une autre, des cartes inédites pour les expéditions de Crassus, de Lucullus et de Pompée, accompagnées de notices manuscrites; — une troisième, des cartes et plans manuscrits de Smyrne, de Pergame et de différentes autres parties de l'Asie-Mineure, avec notices de MM. Cousinery, Tricon, Fourcade, Corancez; — une quatrième, des plans manuscrits du canal de la mer Noire, pour le voyage de Lafitte et Clavé; — une cinquième, l'atlas du voyage d'Anacharsis, publié par Armand Aubrée en 1830, etc.

(Il se trouve dans les œuvres de Barbié du Bocage un grand nombre de notes manuscrites, d'esquisses géographiques, de gravures et de dessins relatifs au voyage d'Anarcharsis, à celui de Choiseul-Gouflier, etc.)

9. 14 cartes de J. RENNELL, entre autres la carte de l'Inde (4 feuilles.), et celle du Bengale, du Bahar et de quelques autres parties du nord de l'Inde (18 feuilles).

10. 43 cartes de GOSSELLIN, en quatre collections, dont une de 18 cartes.

11. 280 cartes de D'APRÈS DE MANNEVILLETTE, distribuées en neuf collections, dont l'une se compose de 48 cartes manuscrites; la seconde forme le *Neptune oriental*, de 58 feuilles, et une troisième comprend 82 cartes. Chacune de ces collections est ornée du portrait de d'Après de Mannevillette, et du beau frontispice du Neptune oriental.

12. Atlas géographique universel, par ROBERT DE VAUGONDY; 108 feuilles, avec une préface historique.

13. Carte de France, par CASSINI, 180 feuilles. Il y a, en outre, une assez grande quantité de feuilles séparées.

14. Carte de Belgique, par FERRARIS, 25 feuilles.

15. 230 cartes et plans pour les campagnes de 1745 à 1746 par les armées combinées de France et d'Espagne, commandées par le maréchal de MAILLEBOIS, sous les ordres de l'Infant don Philippe; dédiés au roi par le marquis de Pezay; dessinés et gravés par G. Delahaye. — Ces cartes et plans sont distribués en quatre collections, dont deux complètes, de 81 feuilles chacune, et une autre de 36 feuilles manuscrites.

16. 70 cartes ou vues pour l'histoire de l'ordre de Saint-Augustin, par LUBIN.

17. Atlas universel, par LAPIE. 1810.

COSMOGRAPHIE, MAPPEMONDES, CARTES POUR LES VOYAGES AUTOUR DU MONDE, CARTES DES OCÉANS ET DES GRANDES MERS.

18. Atlas céleste, composé d'un globe de 12 pieds de circonférence, par le P. Coronelli, auquel on a joint celui de La Caille.

19. Atlas céleste formant un globe de douze pieds de diamètre, par Coronelli. 10 feuilles.

20. Ephémérides en figures, ou plan géométrique du cours apparent du Soleil, de Mercure, etc., par l'abbé de Brancas.

21. Planisphère céleste, tiré du planisphère du P. Chrysologue de Gy. — Le même, plus petit.

22. Sphère armillaire, par Moullart-Sanson.

23. Système de Copernic, par C.-F. Delamarche.

23 *bis*. Tableau analytique de la sphère, par le même.

24. Figure pour l'étude de la sphère, par La Hire.

25. Tableau du système solaire, par M. Letronne.

26. Mappemondes terrestre et céleste, par Zürner (avec figures cosmographiques et cartouches).

27. Tableau comparatif des montagnes de la Lune, de Vénus, de Mercure et de quelques-unes des plus hautes montagnes de la Terre, par Chr. de Mechel. Berlin, 1806.

28. Carte de la Lune, par Dominique Cassini, et réduction de cette carte.

29. Roses des vents des Grecs et des Romains comparées.

30. Tableau comparatif des roses des vents des anciens et des modernes, par Coray.

31. Boussole des vents, leurs noms anciens et modernes, par De Fer.

32. Tableaux de mesures linéaires, etc., par Brice.

33. Carte curieuse et instructive représentant les accidents physiques du globe terrestre, etc. Chez Saintin.

34. Mappemonde (*Orbis terræ compendiosa descriptio*), par R. Mercator et R. Garth, d'après la grande mappemonde de G. Mercator. 1587.

35. Mappemonde, par Vander-Aa (avec cartouches). — La même, réduite.

36. Mappemonde, par le Père Chrysologue de Gy.
— *Id.*, par Julien.

37. Mappemonde en deux hémisphères, supérieur et inférieur, par le P. Chrysologue de Gy.

38. Mappemonde en deux hémisphères, terrestre et maritime, par Julien.

39. Mappemonde en deux hémisphères, par Moullart-Sanson. 2 feuilles.
— *Id.*, par H. Moll.
— *Id.*, par Th. Bowles.

40. Mappemonde, par Nicolas Visscher (avec cartouches).
— *Id.*, par De Witt.

— *Id.*, par Homann.

41. Mappemonde, par Allard (avec diverses projections).

— *Id.*, par Danckerts.

— *Id.*, par Valk (avec cartouches).

42. Mappemonde, par Jaillot.

43. Planisphère terrestre, par Cassini. 1696. Chez Nolin.

— Le même, publié par Halma.

44. Hémisphère supérieur du globe terrestre, par J.-B. Delahaye.

45. Mappemonde, par George (en grec), 4 feuilles ; 1800 (avec figures cosmographiques).

46. Mappemonde, par Janvier.

— *Id.*, par Brion.

47. Mappemonde, par Bruc, 4 feuilles ; — autre, par le même. 1 feuille.

48. Mappemonde en deux hémisphères, par Lapie. 2 f.

49. Ancien et nouveau continent, sous la direction de Buffon, par Robert de Vaugondy.

50. Mappemondes diverses, par Bellin, Weistein, etc.

51. Le globe terrestre, par l'abbé Bignon, 4 feuilles (avec cartouches).

52. Globe terrestre, par Philippe Buache. 1746.

53. Globe terrestre, par Robert de Vaugondy.

54. Divers autres globes terrestres.

55. Carte géographique et hydrographique du globe terrestre, par Kœrius (avec cartouches). 1608.

56. Mappemonde divisée par peuples et religions, par Brion (avec le tableau de la population de la terre).

57. Pôle arctique, par De Witt.

— *Id.*, par Forster.

58. Carte d'Europe et d'Asie (Totius Europæ et Asiæ tabula geographica, auctore Th.-D. Aucupario). Strasbourg, 1522.

59. Hémisphère austral, par Robert de Vaugondy.

60. Tableau des hauteurs principales du globe, par Chr. de Mechel.

61. Géographie des plantes équinoxiales, par A. de Humboldt.

62. Carte hydrographique du globe, par Lapie. 1806.

63. Carte du globe terrestre pour les variations de la boussole, par Edm. Halley.

64. Carte réduite du globe terrestre, pour les inclinaisons de l'aiguille aimantée, par Wilcke.

65. Carte des variations de la boussole dans les mers qui entourent l'Afrique.

65 *bis.* Petite carte des vents alizés et des moussons.

66. Carte des variations de l'aiguille dans l'océan Occidentale et Méridional (Atlantique), par Edm. Halley.

67. Carte pour servir à l'histoire philosophique de Raynal, par Bonne.

68. Carte des mers des Indes, Pacifique, etc., par Robert de Vaugondy.

69. Carte pour l'intelligence de l'*Esprit des Lois*, par le même.

70. Carte manuscrite pour le voyage du capitaine Cook autour du pôle Antarctique, de 1772 à 1775.

71. Carte des régions australes, pour le voyage de *la Résolution* et de *l'Aventure*, en 1773 et 1774.

72. Carte générale pour les découvertes de Cook, par H. Robert.

73. Carte de l'hémisphère austral, pour les voyages de Cook.

74. Carte du voyage de Surville, par Laborde.

75. Carte des voyages d'Abel Tasman, par J. Van Braam.

76. Carte de la route des vaisseaux *la Boudeuse* et *l'Etoile.*

77. Carte des parties septentrionales de la Grande Mer, par Ph. Buache.

78. Cartes des terres australes, sur les mémoires de Lozier-Bouvet, par Ph. Buache.

79. Cartes de l'océan Occidental et Méridional (Atlantique), par Bellin, d'Eveux de Fleurieu, le dépôt de la marine.

80. Carte du même océan, dressée par ordre du comte de Maurepas.

81. Carte marine des côtes de l'Atlantique, depuis la Hollande jusqu'à la Gambie, par Van Keulen.

— *Id.*, par Fr. Olivier.

82. Carte de l'océan Indien, par F. de Witt. 2 feuilles.

83. Carte de l'océan Oriental (mer des Indes), par Bellin.

— *Id.*, dressée au dépôt de la marine.

84. Grande mer du Sud, avec l'île de Californie ('t Eylandt Californie), par F. de Witt.

— *Id.*, par le dépôt de la marine.

85. Cartes réduites de la mer Méditerranée, par Bellin (3 feuilles) ; Valk, De Witt, T. Olivier, Grognard (3 feuilles), le dépôt de la marine, Bonne (avec l'analyse in-4°), Robert Sayer, etc.

86. Carte réduite de la Méditerranée, par J. Roux. 12 f. Marseille, 1764.

— Id., de l'Atlas du commerce de Le Clerc.

87. Cartes réduites de la mer Méditerranée, de la mer Adriatique, de la mer Noire, etc., dressées par Gauttier et Beautemps-Beaupré. 9 feuilles.

88. Carte de la Méditerranée, par Képhala, 2 f. (en grec).

89. Carte réduite de la Méditerranée, par Lapie et Rizzi-Zannoni, 4 feuilles.

EUROPE.

CARTES GÉNÉRALES ET MERS.

90. 9 cartes pour l'étude élémentaire de l'Europe, publiées en 1695.

91. Carte d'Europe, par H. Moll (2 feuilles).

92. Carte d'Europe, par T. López.

93. Carte d'Europe, par Robert de Vaugondy, pour l'*Esprit des Lois*.

94. Carte d'Europe, par Homann (avec l'indication de l'éclipse centrale de Soleil de 1706).

95. Carte d'Europe, par Hasius, 4 f.

— Id., par Hérisson, 4 f.

— Id., par Streit, 4 f.

— Id., par Brué, 4 f.

96. Carte d'Europe, par N. Maire, avec les plans des principales villes d'Europe. 2 f., 1813.

97. Cartes d'Europe, par Ph. Cheiwind (1666), Allard, Zürner, De Witt, Valk, Nolin, Janvier, Brion, C.-F. Delamarche, Hérisson et Brué. 1 f.

98. Carte d'Europe, par De Bouge, construite sur la projection stéréographique polaire, avec un tableau géographique et historique (1809 et 1810).

99. Carte itinéraire de l'Europe, par Brion de La Tour.

100. Carte générale du théâtre de la guerre en 1815.

100 *bis*. Iles Britanniques, Pays-Bas, Allemagne, Suisse, France, etc., pour l'itinéraire de Dutens, par La Rochette.

101. Carte de l'Europe méridionale et du nord de l'Afrique, par Brué.

102. Tableau statistique de l'Europe, par A. Balbi.

103. Carte de l'Europe centrale, par Lapie. 6 f.

104. Carte marine d'Europe, par De Witt.
— Id., par Berey.
— Id., par H. Moll. 2 f.
105. Carte marine des côtes occidentales de l'Europe, par
Van Keulen.
106. Côtes occidentales de France, et partie des côtes d'Espagne et d'Angleterre, par l'abbé Dicquemare.
107. Carte de la Baltique (de l'Atlas du commerce de Le Clerc).
— Id., par J. Hahn.
108. Atlas de la mer Baltique, des golfes de Finlande et de
Botnie, du Cattégat et du Skager-Rack, par Strœm-Crona.
11 f.
109. Carte de la mer du Nord, par Jansson.
110. Plusieurs autres cartes de la mer du Nord.
111. Carte générale des combats sur mer livrés devant la Ta-
mise, le Texel, la Zélande et dans la Manche, depuis 1630
jusqu'en 1690.
112. Carte grecque de la mer Noire, par N. Képhala.
113. Cartes de la mer Noire, par P. Tardieu, Bellin, etc.
114. Calques d'une carte réduite des mers Noire, d'Azov et
de Marmara, publiée au dépôt général des cartes de Saint-
Pétersbourg, en 1804.

FRANCE.

115. Description de la France, par Jean Jollivet (très-ancienne).
116. Carte de France, par Nolin, 4 feuilles, avec encadrement représentant les rois de France. 1692.
117. Carte de France, par le même. 1 f.
118. Cartes de France, par N. Visscher, J.-B. Homann, Ta-
veroler, Valk.
119. Carte de la cour des aides, par Nolin.
120. Carte de France par parlements. 1 feuille. 1763.
121. Carte historique et chronologique du règne de Henri IV,
par Dezauche.
122. Carte de France avec ses acquisitions sous le règne de
Louis-le-Grand, par De Fer; avec un encadrement orné
des figures des rois de France, etc.
123. Carte de France, servant à l'intelligence de l'histoire
des états généraux, par Brion.
124. Tableau statistique de la France, par Perrot.
125. France, par Ch. Inselin, avec notice historique.

126. France, par P. Duval, revue par le P. Placide. 4 f.

127. France divisée en 31 gouvernements, par Jullen. 6 f.
— La même carte, disposée en atlas de 23 feuilles.

128. France divisée en 40 gouvernements généraux, par Brion. 1776.

129. Tableau de la France, par Laurent, présentant les anciennes provinces et leurs subdivisions, avec l'état militaire du royaume.

130. France, par Capitaine. 3 f. 1790.

131. Carte raisonnée de la France en 83 départements, par L. Brion. 1792.

132. France en 83 départements, par Delahaye. 1792.

133. Carte de la France divisée en départements à l'époque de leur formation, par Laple, Croisey, Debelleyme, etc.

134. France en 98 départements, par Poirson. 4 f. 1796.

135. Carte typo-géographique de la France, par Firmin Didot.

136. France divisée en gouvernements militaires, par Rizzi-Zannoni. 2 f.

137. Empire Français, dressé au dépôt de la guerre, 1 grande feuille. 1804.

138. Empire Français, par Hérisson, revu par Brué. 4 f.

139. Empire Français, par Laple et Picquet. 1808 et 1811.

140. La France et le royaume d'Italie, par Mentelle et Chanlaire. 5 f.

141. 8 cartes de France adoptées pour l'éducation du duc de Bordeaux, publiées par Langlois.

142. Cartes manuscrites pour la triangulation de la France, par Cassini.

143. Cartes de France où sont marqués les triangles qui ont servi à déterminer la méridienne de Paris.

144. Carte et description de la perpendiculaire à la méridienne de Paris.

145. Carte des provinces de France traversées par la méridienne de Paris, suivant la détermination de l'Académie royale des Sciences. 4 feuilles.

146. Carte comprenant tous les lieux de la France qui ont été déterminés par les opérations géométriques, par Cassini.

147. Nouvelle carte comprenant les principaux triangles servant de fondement à la description géométrique de la France, par Cassini.

148. Tableau de la carte générale de France pour servir à l'assemblage des 180 feuilles de Cassini.

149. 3 cartes physiques de la France, par Dupain-Triel.

149 *bis*. Carte des fleuves et des rivières, par le même. 2 feuilles. 1791. — La même en l'an VIII, avec les départements.

150. Tableau de la navigation de la France, par Dupain-Triel (collé. avec gorge).

151. Carte de la France, où l'on a essayé de donner la configuration de son territoire par une nouvelle méthode de nivellement, par Dupain-Triel.

152. Carte physique de la France, par Ph. Buache. 1770.

153. Atlas des côtes de France, par De Fer. 1690.

154. 2 cartes des côtes occidentales de France, par l'abbé Dicquemare, gravées par Delahaye (et une de ces cartes manuscrite).

155. Carte de la Manche, par le même.

156. Cartes réduites de la Manche, par N. Visscher, Van Keulen. De Gaulle, De Witt, etc.

157. Carte marine manuscrite de la Manche.

158. Carte du golfe de Gascogne, par De Witt.

159. Diverses autres cartes du golfe de Gascogne.

160. Carte du service général des messageries de France en 1789.

161. Carte de la navigation de la France, par De Fer de la Nouerre. 1787.

162. Cartes des postes, par Taveroier. 1632.

163. Carte des postes, par Jaillot.

164. Cartes routières de France, gravées par P.-F. Tardieu.

165. 2 cartes physiques de France, gravées par le même. 2 feuilles.

166. Carte routière de la France, dressée par ordre du directeur général des ponts et chaussées. 6 feuilles. 1816.

167. Carte des routes de l'empire français, du royaume d'Italie et de la Confédération du Rhin, dressée par ordre du conseil d'administration des postes et relais. 4 feuilles. 1814.

168. Tableau du service des diligences et messageries royales de France. 1787.

— *Id.*, 1789.

169. Carte des confins de la France et des principales postes de Paris aux pays étrangers, par le P. Placide.

170. Carte du canal de la rivière d'Eure, par Jaillot. 2 f.
171. Plusieurs planches pour l'explication des travaux du canal de l'Eure (de Maintenon).
172. Carte manuscrite du canal d'Orléans. 3 feuilles.
173. Carte des canaux d'Orléans et de Briare, par De Fer.
174. Carte manuscrite du cours de la Sambre. 6 feuilles.
175. Carte d'une partie du cours de la Somme, pour l'intelligence du projet du canal de la Picardie (de la Somme).
176. Coupe d'une partie de ce canal.
177. Carte topographique du canal de navigation de l'Escaut, dans le Cambrésis.
178. Plan manuscrit du nivellement fait par ordre de Vauban, en 1686, de l'Escaut à la Haute-Deûle.
179. Carte manuscrite de la navigation entre Lille, La Bassée et Douai.
180. Carte manuscrite de la navigation dans la Flandre, le Hainaut et l'Artois. 8 feuilles.
181. Carte des rivières, ruisseaux, etc., qui fournissent l'eau au canal du Languedoc. 4 feuilles, 1771.
182. Carte générale du canal du Languedoc, levée sous la direction de Garipuy, 1771.
183. — Id., 1774.
184. Carte du canal du Languedoc sur l'échelle de 5 lignes pour 100 toises, levée par ordre des états-généraux de la province, gravée par Chalmandrier. 1774. 10 feuilles.
185. Carte du canal du Languedoc, par Nolin. 3 feuilles.
186. Carte manuscrite d'une partie du cours de la Dordogne.
187. Carte du cours de la Bièvre et du canal d'Yvette projeté, gravée par Perrier. 3 feuilles.
188. Carte manuscrite du canal proposé en Provence pour communiquer d'Arles à Marseille, par Roudoulphe. 1723.

189. Carte des Pyrénées, par Laborde, 1789.
190. Coupe manuscrite d'une partie des Pyrénées.
191. Montagnes des Cévennes, par Nolin.
192. Carte de la ligne des neiges dans les Pyrénées, par Pasumot.
193. Carte de la vallée de Bastan, par le même.
194. Carte des Pyrénées, depuis Bayonne jusqu'à Bagnères-de-Luchon, par Laborde.
195. Carte générale des monts Pyrénées, par Roussel. 8 f.
196. Carte géométrique du Haut-Dauphiné, par Villaret. 9 f.

197. Carte géométrique d'une partie du cours du Rhône, pour servir à la limitation des Etats de France et de Savoie, par Villaret. 3 feuilles.

198. Carte géométrique du cours du Var et de l'Esteron, pour la limitation du comté de Nice et de la Provence, par Villaret. 4 feuilles.

199. Carte géométrique du cours de Guyer, pour servir à la limitation des Etats de France et de Savoie, par Villaret. 2 feuilles.

200. Carte géométrique (manuscrite et gravée) du pays depuis la Dent de Granier jusqu'à la rivière Bréda, pour servir à la limitation do la France et de la Savoie, par Villaret.

201. Carte géométrique du comté de Nice et de la vallée de Barcelonnette, pour la limite de la France et de la Savoie, par Villaret. 3 feuilles.

202. Carte manuscrite du bassin de la Seine.

203. Nouvelle topographie de la France, par Robert de Hesseln. 10 feuilles, dont 1 carte générale et 9 cartes pour les neuf régions du royaume. 1780 et 1782, avec texte.

204. Nouvelle topographie de la France, premier degré de détail, par Robert de Hesseln. 20 feuilles (et plusieurs feuilles manuscrites). 1785.

205. Plan figuré des cinq premières divisions de la nouvelle topographie du royaume de France, par Robert de Hesseln. 1780.

206. Tableau général de la figure, de la superficie et de la population de toutes les parties du territoire de la république française, fait au dépôt du cadastre en l'an VI.

207. Carte maçonnique de l'empire français et de toutes les dépendances du Grand-Orient de France.

208. Carte des cinq provinces de l'assistance de France des RR. PP. Jésuites, dédiée au Père de La Chaise, par Nolin.

209. Carte des couvents de l'ordre de Saint-François, par Rocheran.

210. Tableau des abbayes de l'ordre de Cîteaux en France, par Bergevin.

211. *Gallia christiana*, par Nolin. 10 feuilles.

212. Arbres généalogiques des monastères d'hommes de l'ordre de Cîteaux, par Delalande 1776.

213. Diocèse de Paris, par Robert de Vaugondy, d'après l'abbé Lebœuf.

214. Carte géométrique du diocèse de Cambrai, par Villaret. 4 feuilles. 1769.

215. Évêché de Meaux, par Jaillot, avec plan de Meaux. 2 feuilles.

216. Diocèse de Séez, par Delasalle.

217. Diocèse de Coutances, par Mariette de la Pagerie.

218. Description particulière du diocèse de Bayeux, par Jollain; avec légendes, etc.

219. Diocèse de Rouen, par Frémont. 6 feuilles. 1715.

220. Evêché de Blois, par Jaillot.

221. Evêché de Nantes, par Lambilly. 1706.

222. Carte manuscrite de l'évêché de Léon, en Bretagne, sur parchemin.

223. Evêché de Vannes, par Jaillot. 1720.

224. Evêché du Mans, par Jaillot. 4 feuilles.

225. Evêché d'Angers. par De Fer. 1697.

226. Diocèse de Tours, par Robert de Vaugondy.

227. Diocèse de Sens, avec plans de Sens et de Fontainebleau, par Outhier. 2 feuilles.

228. Carte historique du diocèse d'Auxerre, par Robert.

229. Carte du diocèse de Nevers, dressée en 1788 par ordre de Mgr de Seguiran.

230. Evêché de Dijon, par Desventes. Dijon, 1746.

231. Province ecclésiastique de Lyon, par Nolin.

232. Diocèse de Limoges, par Nolin.

233. Diocèse de Grenoble, par Beaurain.

234. Diocèse d'Uzès, par Nolin, avec plans d'Uzès, du Pont-Saint-Esprit, etc.

235. Carte du diocèse de Nîmes, par Nolin, faite par ordre de Fléchier, en 1698, avec plan de Nîmes, etc.

236. Diocèse de Montpellier, par Jaillot.

237. Diocèse de Toulouse, par Jaillot, avec armoiries des villes.

— Diocèse de Lavaur, par le même.

238. Archevêché d'Auch, par Moullart-Sanson.

239. Diocèse de Castres, par Jaillot.

240. La nouvelle Thébaïde, ou carte de l'abbaye de la Trappe, par La Salle.

241. Carte du théâtre de la guerre de la Vendée et des Chouans, par Laple. 1806.

242. Carte pour l'intelligence de la guerre supposée dans le

pays entre la Seine et la Loire, gravée par Guill. Delahaye.

243. Plan manuscrit et gravé du camp de Verberie en 1769.

244. Plan du camp de Coudun, près de Compiègne, en 1698.

245. Carte militaire des Pyrénées Orientales, pour l'intelligence des opérations de 1793 à 1795.

246. Carte des Pyrénées Occidentales, pour l'intelligence des
opérations de 1793 à 1795.

247. Cartes de la forêt d'Ermenonville et des environs.

248. Plan manuscrit de la forêt de Montmorency.

249. Plan de la forêt de Compiègne, par Fourier. 1771.

250. Plans des forêts de L'Ile-Adam et de Carnelle, gravés par
Delahaye.

251. Carte des chasses de la forêt de Fontainebleau.

252. Plan de la forêt de Fontainebleau. 5 feuilles.

253. Plans manuscrits et gravés du château et de la forêt de
Chantilly.

254. Plan de la forêt de Halatte.

255. Réduction manuscrite de la carte topographique des
chasses des environs de Rambouillet et de Saint-Hubert,
sous la direction de Berthier. 2 feuilles.

— La même, gravée.

256. Plusieurs feuilles de la grande carte des chasses.

257. Carte manuscrite de la Flandre et de l'Artois. 12 feuill.

258. Carte générale d'une partie de la Flandre, d'après le
grand plan fait en relief de 30 pieds de long sur 18 de
large, pour faire voir les mouvements des armées.

259. Cartes de Flandre et de Hainaut, par Medtman, Le Rouge,
Jaillot, etc.

260. Plan manuscrit des environs de Lille.

261. Plans manuscrits et gravés de la ville et de la citadelle
de Lille, par Fricx, etc.

262. Carte manuscrite du gouvernement de Bourbourg.

263. Carte manuscrite du territoire qui environne la Grande-
Moere.

264. Plans gravés et manuscrits de Bergues et des environs.

265. Plan historique de Dunkerque, par Carpan. 12 f. 1765.

266. Divers plans manuscrits et gravés de Dunkerque, par
Fricx, etc.

267. 3 plans de la rade et de la jetée de Dunkerque.

268. Plan de La Bassée.

269. Plans gravés et manuscrits de Gravelines.

270. Carte des 60 municipalités du district de Bergues.

271. Cartes des territoires de Bergues et de Bourbourg, par Visscher et Beaurain.

272. Vues et plans manuscrits et gravés de Douai.

273. Plan de La Mothe-aux-Bois et des environs.

274. Vues et plans manuscrits et gravés de Valenciennes, de Condé, de Bouchain, du Quesnoy, de Maubeuge, de Landrecies, d'Avesnes, de Chimay, de Marienbourg, de Philippeville, du château d'Agimont, près Charlemont, de Cambrai, de Cateau-Cambrésis.

275. Cartes de l'Artois, par Nolin, Constantin de Saint-Alexis (4 feuilles), etc.

276. Plans manuscrits et gravés des villes et des environs d'Arras, de Béthune, de Saint-Venant, d'Aire, du fort Saint-François, de Lillers, de Saint-Pol, d'Hesdin.

277. Carte italienne de la forteresse de Guines et de la bataille entre les Français et les Anglais, en 1558.

278. Cartes de la Picardie, par De Fer, Hondius, Nolin, Jaillot, etc.

279. Plans et vues de Villers-Cotterets, Folembray, Laon, La Fère, Guise, La Capelle-en-Thiérache, Abbeville, Saint-Quentin, Péronne, Corbie, Doulens, Amiens, Etaples, Boulogne, Calais (plusieurs manuscrits).

280. Duché et gouvernement de Normandie, par Nolin.
— Carte générale de la Haute et de la Basse-Normandie, par Tassin.

281. Cartes de la Normandie, par Jaillot, De Fer, Robert, etc.

282. Très-ancienne carte de la Normandie. 8 feuilles.

283. Plans historiques de Rouen, par Rondeaux de Sétry.

284. Plans gravés et manuscrits du Havre, de Dieppe, de Gaillon.

285. Plans gravés et manuscrits de la rade de Cherbourg, par L. Delahaye, etc.

286. Plan du port et de la rade de La Hogue, par L. Delahaye, avec le manuscrit.

287. Projet d'un port de guerre dans l'anse de La Hogue, par L. Delahaye.

288. Cartes de l'Ile-de-France, par Jaillot, Robert, etc.

289. Carte du gouvernement de l'Ile-de-France, gravée par Tardieu.

290. Carte particulière des environs de Paris, par l'Académie des Sciences. 7 feuilles. 1674.

291. Environs de Paris, par Nolin, avec encadrement orné de plans, de vues, etc.
— *Id.*, par Robert de Vaugondy.

292. Environs de Paris, par Cassini.
— *Id.*, par Langlois.

293. Environs de Páris, levés géométriquement par l'abbé de La Grive. 9 feuilles.

294. Projet de division du département de Paris par l'Assemblée nationale.

295. Département de Paris, par Delahaye jeune. 1790.

296. Carte du parlement de Paris.

297. Plan de Paris et des environs (1re feuille de l'*Indicateur fidèle du Voyageur français*), par Michel. 1764.

298. Plan de Paris, par Jaillot. 4 feuilles.

299. 3 plans de Paris, par Robert de Vaugondy.

300. Plan de Paris, accepté par l'Assemblée nationale pour la division des sections. 1790.

301. Divers plans de Paris, divisé en paroisses, bataillons, etc.

302. Plan de Paris, par l'abbé de La Grive.

303. Tableau d'assemblage du plan de Paris par Verniquet.

304. Plan de Paris, par Maire. 1816.

305. Plan projeté d'un canal dans Paris, depuis l'Arsenal jusqu'à Chaillot

306. Plan de la section du Louvre, par Delahaye jeune.

307. Plans manuscrits et gravés de plusieurs établissements de Paris (Bibliothèque royale, Madeleine, Halle au Blé, etc.).

308. Plan de la paroisse Saint-Germain-l'Auxerrois, et divers plans de plusieurs autres parties de Paris.

309. Département de Seine-et-Oise, par L. Delahaye. 1791.

310. Département de Seine-et-Oise, par Hennequin, topographe de l'Assemblée nationale.

311. Plusieurs plans de la ville, du palais et du parc de Versailles, entre autres par Bailleul, Desnos, l'abbé de La Grive, etc.

312. Plans de Marly, de la machine de Marly et de la forêt de Saint-Germain.

313. Carte topographique du comté de Madrie (environs de Montfort et de Rambouillet), par Du Bouchet. 1646.

314. Plan manuscrit des environs de Juvisy et de Savigny.

315. Plan manuscrit de Fontainebleau et des environs.

316. Plan manuscrit de Nemours et des environs.
317. Carte de la généralité de Soissons, par Jaillot.
318. Carte manuscrite du grenier à sel et de l'élection de Soissons.
319. Plan de Beauvais, par La Grive.
320. Carte topographique des environs de Chantilly, par Delavigne.
321. Plans manuscrits des environs de Dammartin et de Villers-Cotterets.

322. Cartes de la Champagne, par Jaillot, Bazin (2 f.), etc.
323. Carte de Champagne et de Brie, par Bayer. 2 f. 1790.
324. Carte itinéraire de la Champagne, divisée en 12 élections.
325. Plans manuscrits et gravés de Châlons-sur-Marne, Vitry-le-Français, Chaumont, Clairvaux, Langres, etc.
326. Plan de Reims, par Daudet.
327. Plan manuscrit des environs de Rocroi.

328. Cartes de la Lorraine, par Jansson, Nolin, Homann, Jaillot (6 feuilles), Robert de Vaugondy, Delamarche.
329. Plan de Nancy, par Le Rouge.
330. Environs de Nancy, par Nolin.
331. Plans de Metz, Epinal, Toul, Thionville, Bitche, et de plusieurs autres villes de Lorraine.
332. Plan de Metz (curieux par son ancienneté).
333. Plan manuscrit de Sierck.
334. Cartes de l'Alsace, par Visscher, Homann, Le Rouge, Michal, De Fer, Jaillot, etc.
335. Alsace, par Le Rouge. 5 feuilles.
336. Plans de Strasbourg, par Bailleul, etc.
337. Environs de Strasbourg, par Bailleul.
338. Plan de Neuf-Brisach, par Beaurain.
339. Carte des environs de Vieux et de Neuf-Brisach, par Le Rouge.
340. Plan d'Huningue, par Bailleul.

341. Cartes de la Bresse et de la Bourgogne, par Hondius.
342. Carte de la Bourgogne, par Jaillot.
   — Plusieurs autres cartes de la Bourgogne.
343. Plan de Dijon, par Beaurain.
434. Plan manuscrit d'une partie d'Autun.

345. Cartes de la Franche-Comté, par Delafosse, Jaillot, Robert, etc.
346. Carte du comté de Bourgogne, par Querret. 4 f. 1748.
347. Carte des départements de la Haute-Saône, du Doubs et du Jura, par le P. Chrysologue de Gy.
348. Plan de Besançon, par De Fer.
349. Plans manuscrits de Gray et des environs de Dôle.
350. Plan de Lyon, par Beaurain.
351. Plusieurs autres plans de Lyon.

352. Cartes de l'Orléanais, du Berri, du Nivernais, du Bourbonnais, par Jaillot.
353. Plusieurs plans d'Orléans, entre autres par C. de Villeneuve.
354. Arrondissement de Vendôme, par Cosnier.
355. Carte du Nivernais, par Delafosse. 1760.
356. Plans manuscrits de la seigneurie de Bazoches, de ses bois, de son château, du hameau de Vauban, etc. (dans le Nivernais), avec notes manuscrites.
357. Cartes du Limousin, de l'Auvergne et du Lyonnais, par Jaillot et Nolin.
358. Cartes du Maine, de la Touraine et du Poitou, par Jaillot, Nolin, etc.
359. Maine et Perche, par Delafosse.
360. Plan manuscrit du territoire placé au confluent de la Loire, de l'Indre et du Cher. 4 feuilles.
261. Carte manuscrite des environs de La Ferté-Bernard.
362. Plan manuscrit de Mazières (Indre-et-Loire).
363. Plan topographique de la presqu'île de Verron, en Touraine, au confluent de la Loire et de la Vienne, par Delalande; gravé par Delahaye. 2 f.

364. Carte géométrique de la Bretagne, par Ogée. 4 f.
365. Carte manuscrite de la Bretagne, dédiée au cardinal de Richelieu. 1631.
366. Diverses autres cartes manuscrites de la Bretagne.
367. Cartes de la Bretagne, par De Fer, Nolin, Dauckerts, De Witt, Robert, Robert de Vaugondy, Jansson, Jaillot, etc.
368. Carte manuscrite très-ancienne des côtes de Bretagne. 4 feuilles.
369. Plusieurs cartes marines des côtes de Bretagne, par Van Keulen, etc.

370. Cartes manuscrites de l'évêché de Nantes, des environs de Nantes, de Guérande, du Croisic, d'Ancenis, de l'île Noirmoutier, du cours inférieur de la Loire.

371. Cartes et plans manuscrits et gravés de Quimper, de Rennes, de Saint-Malo, de Cancale, de Saint-Brieuc, de Morlaix, de Saint-Pol-de-Léon, de Vannes, de Roscof, de la rade du Conquet, de la rade de Brest, de l'île d'Ouessant, des îles de Glénan, de Concarneau et de plusieurs autres parties de la Bretagne.

372. Cartes manuscrites de la partie méridionale de la Bretagne (département du Morbihan), avec les triangulations qui ont servi à les construire.

373. Cartes manuscrites des départements de la Bretagne, par A.-F. Barbié du Bocage. 1815.

374. Plan de Nantes, par Cacaut. 4 f. 1756.

375. Plans manuscrits de Nantes et d'Ancenis.

376. Cartes manuscrites de l'évêché de Quimper, des environs de la baie de Douarnenez, des environs de Carhaix, de Pontcroix, de La Roche-Bernard, de Lorient, de Vannes, de Sarzeau, de Questembert, des îles du golfe du Morbihan.

377. Cartes de Belle-Ile, par De Fer et Paris.

378. Cartes du Poitou, de l'Aunis et de la Saintonge, par Jaillot, Nolin, etc.

379. Carte du pays d'Aunis, gravée par Desbrulins. 1756.

380. Cartes des environs de La Rochelle, par De Fer et Le Rouge.

381. Plan manuscrit de la citadelle et du port d'Oléron.

382. Plan manuscrit de Brouage.

383. Carte manuscrite des bureaux, brigades et postes des fermes du roi dans le département de La Rochelle.

384. Carte manuscrite des Pertuis Breton et d'Antioche.

385. Plan du combat de 1625 entre la flotte royale et les vaisseaux rochellois, devant l'île de Ré.

386. Cartes du Languedoc, par Valk, G. Blaeuw, Nolin, Jaillot.

387. Partie orientale du Languedoc, par De Fer.

388. Cartes du Languedoc, du Roussillon, de la Guienne et de la Gascogne, par Jaillot, Nolin, etc.

389. Carte manuscrite de la côte du Languedoc, depuis Agde jusqu'à Leucate.

390. Carte du parlement de Toulouse.

391. Plans manuscrits de Nimes, d'Aimargues, de Mazères (Ariége), de Cette et de divers ports du Languedoc.

392. Plan de la commune de la Vieille-Toulouse (Haute-Garonne).

393. Carte du Roussillon, par Jean Boisseau. 1639.

394. Plans manuscrits de Perpignan, du Mas d'Azil, de Collioure, de Port-Vendres, des environs d'Elne, de Prats-de-Mollo, de Mont-Louis.

395. Cartes marines de la Gironde et de la côte voisine, par Van Keulen, etc.

396. Plusieurs plans de Bordeaux, par Lattré.

397. Plan manuscrit du château de Fronsac.

398. Plusieurs plans manuscrits de Bayonne et des lieux voisins,

399. Plusieurs plans de l'île de la Conférence, dont un manuscrit.

400. Cartes du Dauphiné, par Jaillot, Valk, etc.

401. Plan manuscrit de Puymore, en Dauphiné.

402. Carte de l'état d'Avignon, par Delahaye jeune. 1791.

403. Cartes de la Provence, par Jaillot, Nolin, etc.

404. Plusieurs cartes manuscrites des côtes de Provence, du cours du Var et de celui du Verdon.

405. Plusieurs plans d'Antibes et des îles de Lérins.

406. Statistique du département des Bouches-du-Rhône, par M. de Villeneuve. Atlas comprenant les cartes et figures.

407. Cartes anciennes, modernes, géologiques, etc., du département des Bouches du-Rhône, par Toulouzan. (Manuscrites et gravées.)

408. Plan topographique de la ville de Marseille, par Desmarest. 5 grandes feuilles.

409. Plan manuscrit de la rade de Marseille.

410. Plan manuscrit de la citadelle et du fort Saint-Jean de Marseille.

411. Plans manuscrits des golfes de Fréjus et de La Napoule.

412. Plusieurs plans de la baie et des îles d'Hyères.

413. Plusieurs plans manuscrits ou gravés de la ville et de la rade de Toulon.

414. Un grand nombre d'autres plans des ports de la côte de Provence.

415. Carte de la Camargue. — Deux cartes manuscrites des embouchures du Rhône.

416. Cartes de l'île de Corse, par Magini, Jaillot, Homann, Robert, etc.
417. Corse, par Collon. 1827.
418. Carte manuscrite italienne de l'île de Corse.
419. Autre carte manuscrite de la Corse.
420. Plusieurs plans de divers points des côtes de la Corse, par le pilote Ayrouard.
421. Plan manuscrit de Saint-Florent, en Corse.
422. Plans manuscrits du golfe de Saint-Florent et du mouillage de l'Ile-Rousse.

423. Daulphiné, Languedoc, Gascoigne, Provence, Xalntongé, par Maurice Bouguerauld. 1593.
424. Autres cartes très-anciennes de diverses provinces de France, par Gérard Mercator, Damien de Templeux, etc. (Une de ces cartes est datée de 1558.)
425. Très-anciennes cartes des provinces de France, par Bompard, Hondius, etc.

BELGIQUE ET HOLLANDE.

426. Les 17 provinces des Pays-Bas, par Incelin.
427. Les 17 provinces des Pays-Bas, par Le Rouge.
— Id., par Ottens.
— Id., par Jaillot.
— Id., par Homann.
— Id., par Specht.
— Id., par le P. Placide.
— Id., par Valk.
— Id., par De Witt.
— Id., par Visscher.
428. Pays-Bas, par Le Rouge. 6 f.
429. Carte pour la guerre dans les Pays-Bas, par Nolin. 4 f.
430. Les campements des armées du roi dans les Pays-Bas, de 1690 à 1695, par Vaultier et Moullart-Sanson.
431. Pays-Bas catholiques, par Friex, 24 f. Bruxelles.
432. Provinces des Pays-Bas, d'après Friex, 15 f. Paris. 1704.
433. Pays-Bas catholiques, par De Fer. 25 f.
434. Théâtre de la guerre dans les Pays-Bas, par Daumont et Nolin, 15 f. 1757.
435. Pays-Bas, par Müller. 2 f. 1/2. 1816.

436. Partie méridionale des Pays-Bas, par Jauvier.
— Id., par Coronelli et Nolin.
437. Cartes de Belgique, par Valk, De Witt, Visscher.
438. Cartes des Provinces-Unies, par Valk, Visscher, Specht, Husson, Coronelli, Homann, Janvier, le P. Placide.
439. Carte générale de la république Batave, divisée en départements.
440. Royaume de Hollande, par Streit. 1808.
441. Carte chorographique des départements de la Hollande, commencée sous le gouvernement hollandais et terminée au dépôt de la guerre. 5 f.
442. Tableau statistique et administratif des départements de la Hollande, par De Bouge. 1812.
443. Carte manuscrite de la plus grande partie de la Belgique. 49 f.
444. Tableau de la guerre en Belgique, par Homann.

445. Carte manuscrite des bords de la Meuse. 5 f.
446. Carte manuscrite d'une partie de la province d'Anvers. 6 feuilles.
447. Brabant et provinces voisines, par Visscher.
448. Brabant, divisé en parties espagnole et hollandaise, par Allard.
449. Brabant, par Homann.
— Id., par Jaillot. 2 f.
450. Brabant et Limbourg, par Friex.
451. Brabant, par Mortier.
452. Carte hollandaise du Brabant. 4 f.
453. Carte du Brabant, contenant les camps de 1746.
454. Tétrarchie de Bruxelles, par Visscher.
— Id. d'Anvers, par le même.
— Id. de Louvain, par le même.
455. Plan de Bruxelles sous le gouvernement espagnol, par De Fer.
456. Plan de Bruxelles, par Friex.
— Id., par Le Rouge.
— Id., par Van der Baren. 2 f.
457. Plans des batailles et combats qui ont eu lieu les 15, 16, 17, 18 et 19 juin 1815, depuis Thuin, sur la Sambre, jusqu'à Waterloo et Wavre, près de Bruxelles.
458. Plan de Louvain, par Le Rouge.
459. Plan de la bataille de Ramillies, par Friex.

460. Plans de la bataille de Nerwinde, dont un manuscrit.
— Carte manuscrite des environs de Gemblours.
461. Seigneurie de Malines et duché d'Aerschot, par Visscher.
462. Seigneurie de Malines, par De Witt.
463. Carte de l'archevêché de Malines, publiée sous l'administration de Zuniga y Fonseca, comte de Monterey.
464. Cartes des environs de Namur, Courtray, Bruxelles, Louvain, Lille, Tournay, etc., par Fricx.
465. Cartes de l'évêché de Liége, par Nicolas Visscher, etc.
— Plans de Liége et des environs.
466. Flandre, par Jaillot.
— Id., par Visscher.
467. Carte de la côte de Flandre, par Van Keulen.
468. Théâtre de la guerre de Flandre sous Louis XV.
469. Comté de Flandre, par Visscher.
— Id., par De Witt.
— Id., par Homann.
— Id., par Ottens.
— Id., par le P. Placide.
470. Carte du gouvernement de Gand (très-ancienne).
471. Plan de Gand, par Fricx.
— Id., manuscrit.
472. Divers autres plans de Gand.
473. Plan manuscrit de la ville de Bruges.
474. Beaucoup d'autres plans des villes de Flandre.
475. Carte du Franc de Bruges, par Beaurain.
476. Plan de la bataille d'Audenarde, par Fricx.
— Id., manuscrit.
477. Plusieurs plans d'Audenarde et de Termonde.
478. Plan des attaques d'Ypres par Louis XV, en 1744.
479. Plan manuscrit de la ville d'Ypres.
480. Plan de Courtray et du camp de 1744, par Le Rouge.
481. Plan du camp de Woutergen en 1695, par Visscher.
482. Plan des attaques de Menin en 1706 et 1744.
483. Plusieurs plans de Menin.
484. Carte du nord de la Flandre orientale, par Ottens, 3 feuilles.
485. Plan d'Anvers, par De Fer.
— Id., manuscrit.
— Id., par Schenk, avec vues de monuments.
486. Divers autres plans d'Anvers, par Fricx, etc.

487. Plan de la bataille de Wilmerdonck (près d'Anvers), par Fricx.

488. Pays de Waes et embouchure de l'Escaut, par Visscher.

489. Pays de Waes, par Fricx.

490. Hainaut, par De Witt.

491. Deux cartes manuscrites du théâtre de la guerre dans le Hainaut.

492. Diverses autres cartes du Hainaut.

493. Plan du siége de Mons, en 1709, par Fricx.

494. Plan manuscrit de Mons et du voisinage.

495. Divers autres plans de Mons et des environs.

496. Diocèse de Tournay, par Jaillot.

497. Plan de Tournay, par Fricx.

498. Divers autres plans de Tournay.

499. Plans de la ville et des environs de Charleroi, dont plusieurs manuscrits.

500. Plans manuscrits d'Ath et des environs.

501. Deux plans de la bataille de Fontenoy, en 1745.

502. Carte du territoire de Mons, pour la bataille de Malplaquet, en 1709, par Schenk.

503. Plans des batailles de Taisnières et de Malplaquet, par Fricx.

504. Plan de la bataille de Fleurus, en 1690.

505. Carte manuscrite d'une partie de la terre de Blaimont, entre Givet et Dinant.

506. Comté de Namur, par Visscher.

507. Diverses autres cartes du comté de Namur, par Ottens, etc.

508. Plusieurs plans de Namur.

509. Duché de Luxembourg, par Jaillot. 4 f.

510. Carte du Luxembourg, par Monta. 1617.

511. Autres cartes du Luxembourg, par Visscher, etc.

512. Plans de Luxembourg et des environs, par Jaillot, etc.

513. Plans de Bouillon, d'Arlon, etc.

514. Duché de Limbourg, par Visscher.

515. Plans de Maestricht et des environs, par Beaurain, De Fer, etc.

516. Plan des attaques de Maestricht, en 1748.

517. Cartes particulières des départements de la république Batave.

517 *bis*. Carte du Brabant septentrional, par Hondius.

518. Brabant hollandais et autrichien, par Le Rouge. 4 f.

519. Brabant hollandais, par Visscher.

520. Environs de Bois-le-Duc, par Visscher.

521. Plan manuscrit de Grave, dans le Brabant septentrional.

522. Plans de Berg-op-Zoom et des environs, par Le Rouge et Jaillot.

523. Carte de la Gueldre, par De Witt.

-- Id., par Jaillot.

524. Cartes de l'Over-Yssel et de la Drenthe, par N. Visscher, De Witt, Ottens, N. Ten Have, Pynacker, etc.

525. Très-ancienne carte de la Gueldre, par Schrot, avec texte en latin.

526. Cartes de la Gueldre et du comté de Zutphen, par Visscher, Ottens, De Witt, Mortier, etc.

527. Plan manuscrit de la forteresse de Bommel.

528. Cartes générales et particulières du comté de Hollande, par N. Visscher, Homann, Ottens, Zoutman, etc.

529. Cartes réduites des côtes de la Hollande, par Van Keulen, De Witt, etc.

530. Carte de la Hollande septentrionale, par N. Visscher.

531. Plan d'Amsterdam, par Gerred de Broen. 4 f.

532. Plan d'Amsterdam, par Visscher.

533. Environs d'Amsterdam, par Ottens. 4 f.

534. Carte du territoire de Woerden (S. Hollande). 9 f.

535. Environs d'Abbenbroek (S. Hollande).

536. Ile de Rosenburg (S. Hollande). 8 f.

537. Carte de l'embouchure de la Meuse. 4 f.

538. Ile d'Over-Flakkee, par Heyman Vanderdyck.

539. Ile de Goeree, par Luiken.

540. Carte du dessèchement de la mer de Harlem, par N. Visscher.

541. Carte du Rhynland, par N. Visscher.

542. Carte du Rhynland, en 24 f., avec les armoiries des principales familles. 1647.

543. Carte générale et cartes particulières du Delfland, en 28 f., avec armoiries des principales familles.

544. Carte du Crimpenrewaard (S. Hollande), en 9 f., avec armoiries des principales familles. 1696.

545. Carte du Schieland (S. Hollande), par Ving Bools, en 9 f., avec armoiries des principales familles.

546. Carte de l'Alblasserwaard, par Abel de Vries. 1726.

547. Plan de La Haye.

548. Plan de Rotterdam.

549. Cartes de la Zélande, par Ottens, Visscher, Van Keulen, etc.

550. Carte de la Zélande, par Le Rouge. 9 f.

551. Carte des îles de Schouven et de Duiveland, par Hattinga.

552. Carte des îles de Schouven et de Duiveland, par Ottens.

553. Carte de l'île Nord Beveland, par Hattinga.

554. Carte de l'île sud Beveland, par Hattinga.

555. Carte de l'île de Tholen, par Hattinga. 1753.

556. Reconnaissance du cours du Hont ou Escaut occidental, par Beautemps-Beaupré. An VII et an VIII.

557. Cartes du cours inférieur de la Meuse, du cours du Leck, par Mathieu de Vries, Van Keulen, etc.

558. Cartes de la province d'Utrecht, par Schenk, Covens et Mortier, Specht, N. Visscher.

559. Carte du Goolland (Utrecht), par Ottens.

560. Carte du canal d'Utrecht, par Ottens.

561. Carte de l'ancienne Frise, par Sterringa.

562. Carte de la Frise, par Halma, 30 f., avec cartouches, armoiries, etc.

563. Cartes de la Frise, par Visscher et Ottens.

564. Cartes de la province de Groningue, par De Witt, Visscher, Jansson.

565. Territoire de Franeker, par Sterringa. 1718.

SUISSE.

566. Suisse, par Schenk. 4 f.

— Id., par Jaillot. 4 f.

567. Cartes de Suisse, par Visscher, Valk, Homann, Tillemou, Robert de Vaugondy, Bonne, Clermont, etc.

568. Environs du lac de Genève, par Jacques G***, de Genève.

— Id., par Jean Leclerc. 1619.

569. Environs de Genève, par H. M. C. D. G. 1776. Gravés par Guill. Delahaye.

570. La Suisse romande, qui comprend le pays de Vaud, etc., par Mallet. 4 f. 1781.

571. Souveraineté de Neuchâtel et de Valengin, par De Fer.

— Id., par F. de Merveilleux.

— Id., par Clermont.

572. Partie occidentale de l'Oberland bernois, par Dury. Londres.

— *Id.*, par Clermont.

573. Partie de l'ancien évêché de Bâle réunie aux cantons de Berne, de Bâle et de Neuchâtel, par Buchwalder.

574. Carte du canton de Bâle, réduite d'après celle de Daniel Bruckner. 1778.

575. Territoire de Bâle, par S. Munster.

576. Carte du canton de Bâle, par Clermont.

577. Carte du combat de Saint-Jacques, près de Bâle, en 1434, par Clermont.

578. Argovie et canton de Zürich, par G. Mercator.

579. Canton de Schaffhouse, par Homann.

580. Cartes des Grisons, par Ottens et Seutter.

581. Carte italienne des limites entre le Milanais et les Grisons. 1763.

582. Plusieurs coupes des Alpes, par Ebel.

ALLEMAGNE.

583. Carte élémentaire et statistique de l'Allemagne, par Brion et Maire. 3 f.

584. Carte générale d'Allemagne, par Güssefeld, 1 f. 1809.

— *Id.*, par le même, 2 f. 1809 et 1810.

585. Cartes générales de l'Allemagne, par Chauchard, C.-F. Delamarche, Le Rouge, Rizzi-Zannoni, Nolin, le P. Placide, Homann, Valk, De Witt, Visscher Jollain, H. Moll.

586. Allemagne, par J.-B. Homann. 4 f.

— *Id.*, par Rizzi-Zannoni. 4 f.

587. Carte de l'Allemagne, des républiques Batave, Helvétique, etc., par Sotzmann. 2 f.

588. Allemagne, par Sotzmann. 16 feuilles. 1803.

589. Carte de l'empire d'Allemagne, par Chauchard. 9 feuill., avec tableau d'assemblage.

590. Carte itinéraire de l'Allemagne, par C.-F. Delamarche.

— *Id.*, par Jaillot.

— *Id.*, par Schenk.

— *Id.*, par Nell.

— *Id.*, par l'Académie des Sciences de Berlin.

591. L'Allemagne ecclésiastique, par Le Rouge.

592. Carte hydrographique de l'Allemagne, par Homann.

593. Carte générale du théâtre de la guerre d'Allemagne, par Julien. 4 feuilles. 1760.

594. Carte pour l'intelligence des guerres d'Allemagne, par Beaurain. *

595. Carte d'Allemagne pour la campagne de 1813,

596. Théâtre de la guerre sur le Rhin, la Moselle, la Meuse, etc., par Allard, avec plans de villes.
— Id., par Homann.

597. Mecklenbourg-Schwerin, par Schmettau. 16 sections.

598. Mecklenbourg-Strelitz, par Schmettau. 9 sections.

599. Cartes de Mecklenbourg, par De Witt, Ottens, Homann, Schmettau. 1 feuille.

600. Territoire de Wismar, par Homann.

601. Duché de Brunswick, par Homann.

602. Cartes de l'Ostfrise et de l'Oldenbourg, par Homann, etc.

603. Électorat de Hanovre, par Le Rouge.

604. Carte très-ancienne de l'évêché d'Osnabruck, par J. Gigas, avec texte en latin.

605. Plan d'Osnabruck, par Lotter.

606. Cartes de l'évêché de Hildesheim, par Jansson, Homann, Le Rouge.

607. Cartes du duché de Brunswick, par De Witt, Seutter, Homann.

608. Carte minéralogique du Hartz (Hercinia metallifera), par les Homann.

609. Cartes du duché de Lunebourg et du comté de Danneberg, par Visscher, De Witt, Homann.

610. Plan de la bataille de Hastenbeck, en 1757, par Beaurain.

611. Plans de Hambourg et de son territoire, par Homann et Visscher.

612. Duchés de Brême et de Verden, par Visscher, De Witt, Homann, Le Rouge.

613. Cartes du cercle du Haut-Rhin et des pays de Hesse, par Homann, Güssefeld, Rizzi-Zannoni, etc.

614. Carte manuscrite des environs d'Alzey.

615. Cartes de l'archevêché de Mayence, par N. Visscher, F. de Witt, Homann, etc.

616. Plans de Mayence.

617. Plans de Francfort et des environs, par Visscher, Homann, etc.

618. Plan de la bataille de Bergen, en 1759.

619. Plan de Hanau, par Müller.

620. Carte de l'électorat de Saxe, gravée par Laurent, 16 feuilles.

621. Cartes du cercle de la Haute Saxe, par Homann, De Witt, Valk, etc.

622. Royaume de Saxe, par Güssefeld.

623. Electoral de Saxe, par Lotter.

624. Carte de l'électorat de Saxe, publiée en 1763. 15 f.

625. Très-anciennes cartes de la Thuringe, du comté de Mansfeld, de la Misnie et de la Lusace, par Mellinger, etc.

626. Carte de la Misnie, par Schenk.

627. Environs de Dresde, par Petri. 12 f. 1763.

628. Environs de Dresde, par Schenk.

629. Environs de Meissen et de Strehla, par Petri. 12 f.

630. La Misnie, par Danckerts.

631. Environs de Wittenberg, de Liebenwerda, de Leipsick, etc., par Schenk.

632. Camp de Pyrna, en Saxe, en 1756.

633. Carte du Voigtland, par Homann.

634. Cartes de la Thuringe, par Homann et Schenk.

635. Cartes des territoires de Weissenfels, de Freyberg et de diverses autres parties de la Thuringe et de la Saxe, par Schenk, Homann, etc.

636. Plan de la bataille d'Iéna, en 1806.

637. Carte des duchés d'Anhalt, par Schenk.

638. Cartes de Bavière, par Visscher, De Witt, Homann, Le Rouge, Brion de la Tour, Güssefeld, etc.

639. Cartes du palatinat de Bavière, par Homann, Visscher, etc.

640. Cartes du cercle de Franconie et de l'électorat de Mayence, par Homann, Le Rouge, De Witt, Valk, etc.

641. Carte de la Franconie, pour l'expédition du prince Henri, en 1759. 8 f.

642. Cartes particulières des territoires de Nuremberg, Æchstedt, etc., par Homann, Scheurer, etc.

643. Plan de Nuremberg, par Homann.

644. Environs de Deckendorf, Donawert, Hochstædt, etc., pour l'histoire des siéges et batailles, par Schenk, Le Rouge, etc.

645. Plan de la bataille de Dettingen, en 1743.

646. Plan des villes et des environs de Frankenthal, Wissembourg, Landau, etc.

647. Cartes du cercle de Souabe, par Homann, De Witt, Visscher, Le Rouge, etc.

648. Carte de Souabe, par Seutter. 9 f.
— Id., par Hurtern. 6 f.

649. Würtemberg, par Homann (avec les armes des villes). 3 f.
— Id., par Visscher.
— Id., par Streit.

650. Territoire d'Ulm, par Homann.

651. Plan d'Hallbronn.

652. Plan manuscrit du siége d'Ingelpiel, en Souabe, en 1645.

653. Territoire de Mindelheim, en Souabe, par Homann.

654. Le Brisgau, par Homann.

655. Partie du Brisgau, pour le théâtre de la guerre en 1710.

656. Environs de Fribourg en Brisgau, pour l'intelligence du livre de l'*Art de la guerre.*

657. Plans de Fribourg et des environs.

658. Plans de Brisach.

659. Plans de Carlsruhe et des environs.

660. Plan du fort de Kehl.

661. Cours du Rhin, par Hondius.

662. Cartes d'une partie du cours du Rhin, par De Fer et Nolin.

663. Cours du Rhin de Constance à Bâle, par Le Rouge. 2 f.

664. Autre en 4 f.

665. Carte du cours du Danube. 8 f.

666. Carte des sources du Danube. 2 f.

667. Plusieurs cartes de diverses parties de l'Allemagne, par Homann et autres.

668. Cartes très-anciennes du Würtemberg, de la Souabe, de l'île de Rügen, du pays d'Anhalt, de la Misnie, de la Thuringe, du duché de Lunébourg, de l'archevêché de Trèves, du Palatinat du Rhin, du comté d'Erpach, de la Pologne et de la Poméranie, par Gérard Mercator, Guillaume Blaeuw, Hondius, Jansson, Ellhard Lubin, Giacomo Rossi, Adolar Eric, Mellinger.

EMPIRE D'AUTRICHE.

669. Empire d'Autriche, par Gœtze. 1809

670. Cartes de la Haute et de la Basse-Autriche, par Homann, Liechtenstern, Gœtze, De Witt, Visscher, Le Rouge, etc.

671. Carte de l'archiduché d'Autriche au-dessus de l'Ens, par Greipel. 6 f. Lintz, 1809.

672. Cartes de l'archevêché de Salzbourg, par Homann, Le Rouge, etc.

673. Carte de l'archiduché d'Autriche au-dessous de l'Ens, par Liechtenstern.

674. Territoire de Lintz, par Streit.

675. Plan de Vienne, gravé par P.-F. Tardieu.

676. Plans de Vienne et des environs, par Cassini, Homann, Le Rouge, Visscher, De Fer, etc.

677. Plans des batailles d'Enzersdorf et de Wagram, en 1809.

678. Cartes de la Bohême, par Homann, De Witt, Jaillot, Müller, etc.

679. Atlas topographique et militaire des États de la couronne de Bohême et de la Saxe électorale, par Jullen. 43 f. 1758.

680. Carte de la Bohême, par Le Rouge, d'après Müller. 9 f.

681. Autre carte de la Bohême, par Le Rouge. 1 f.

682. Environs de Prague. 2 f. 1793.

683. Plans de Prague et des environs, par Homann, Le Rouge, Bailleul, etc., pour servir à l'histoire des siéges de cette ville.

684. Plans des camps de Pisek, en Bohême, par Le Rouge, etc.

685. Cercle d'Eger, par Schenk.

685 *bis*. Plan de l'attaque d'Eger, en 1742.

686. Environs de Carlsbad, avec vues de sites, etc., par Zürner.

687. Environs de Tœplitz, par le même.

688. Moravie, par Müller. 8 f.

689. Moravie, d'après la carte de Müller, par Tranquillo Mollo. 2 f. 1804.

690. Cartes du Tyrol, par Robert, Le Rouge, Homann, De Witt, Jaillot, etc.

691. Carte du Tyrol, réduite d'après celle d'Anich et Huber, publiée en l'an IX par le dépôt de la guerre. 6 f.

692. Territoire de Trente, par Magini.

— *Id.*, par G. Blaeuw.

693. Styrie, par G. Mercator.

— *Id.*, par Homann.

694. Carte de la Carinthie et de la Carniole, par Lazius.

— *Id.*, par Homann.

695. Plans manuscrits de la rade de Trieste et du golfe de
Mugia.
696. Dalmatie, Esclavonie, etc., par Valk.
697. Provinces illyriennes, par Gaëtan Palma. 4 f. 1812.
698. Dalmatie, par Coronelli et Nolin.
— *Id.*, par Cantelli da Vignola. 2 f.
699. Dalmatie, par Santini.
— *Id.*, par le Comptoir d'Industrie de Vienne.
700. Gouvernement de Raguse, par le P. Corneille.
— *Id.*, par Schenk.
701. Bouches de Cattaro, par Coronelli.

702. Cartes de la Hongrie et des pays voisins, par Homann,
Korabinsky, De Witt, Schenk (4 f.), Juan Lopez (2 f.), etc.
703. Hongrie, par Coronelli et Tillemont. 4 f.
704. Hongrie, par Lipszky. 9 f., avec tableaux de divisions.
705. Hongrie, par Müller. 12 f.
706. Carte du théâtre de la guerre en Hongrie, Bosnie, etc.,
en 1738.
707. Plans de Bade, d'Eszek, de Peterwardein, pour l'histoire des siéges et batailles.
708. Transylvanie, par G. Mercator.
709. Cartes de la Transylvanie et de l'Esclavonie, par Homann, Ottens, etc.

710. Cartes très-anciennes de l'Autriche, de la Carinthie, de
la Carniole, du Tyrol, de la Bavière, de Würtemberg et de
la Souabe, par Aventin (1533), Lazius, Apianus, G. Mercator, Seltzlin, etc.
711. Cartes du cours du Danube, par Ottens, Homann, San-
drart (3 f.), Schenk, Visscher, le P. Placide, etc.
712. Cours du Danube depuis Vienne jusqu'à la mer Noire
(de l'Atlas du Commerce de Le Clerc).

ÉTATS PRUSSIENS.

713. Carte générale des États Prussiens, par Sotzmann. 16 f.
1802.
713 *bis*. Prusse, par Sotzmann. 2 f.
714. Théâtre de la guerre en Prusse en 1813, par Michel.

715. Prusse méridionale, par Gilly. 13 f. Berlin.
716. Nouvelle Prusse orientale. 12 f. Berlin.

717. Prusse, par J.-B. Poirson.

718. Prusse, par Casp. Henneberg (pub. par Jansson).

719. Cartes de la Prusse, par De Witt, Homann, Robert, etc.

720. Limites des royaumes de Prusse et de Pologne. 3 f.

721. Prusse orientale et Prusse occidentale, par Schrœtter. 25 f. 1802.

722. Carte de la Prusse, avec plan de Kœnigsberg, publiée par l'Académie des Sciences de Berlin. 6 f.

723. Carte de la Lithuanie prussienne, avec plan de Gombinnen, par Homann.

724. Plans de Dantzick et d'autres villes prussiennes, pour l'histoire des siéges.

725. Cartes et plans pour la bataille d'Eylau, en 1807, avec une relation de cette bataille.

726. Cartes de la Poméranie et du Brandebourg, par Rizzi-Zannoni (2 f.), Güssefeld, Homann, De Witt.

727. Cartes de la Poméranie, par De Witt, Homann, Robert, Jaillot.

728. Poméranie et Mecklenbourg, par Visscher.

729. Poméranie, par Gilly et Sotzmann. 6 f.

730. Cartes de l'île de Rügen, par Himmerich, Lubin, Homann.

731. Plan de Stralsund, par Homann.

732. Plan de Stralsund et des environs, par Homann.

733. Electorat de Brandebourg, par Schenk.

734. Cartes du Brandebourg, par De Fer, Schenk, etc.

735. Cartes de l'électorat de Brandebourg, par Seutter, Jaillot, Mortier.

736. Plan de Berlin, par Rhoden.

737. Cartes du cercle de la Basse-Saxe, par De Witt, Valk, Homann, Güssefeld.

738. Carte de la Basse-Saxe, par Julien. 4 f.

739. Cartes du duché de Magdebourg, par Homann, Schenk, Sotzmann (2 f.).

740. Principauté d'Halberstadt, par Schenk.

— Id., par Œsfeld.

741. Camp d'Halberstadt, commandé par le maréchal de Richelieu en 1757.

742. Cartes de la Lusace, par Homann et Schenk.

743. Cartes de la Silésie, par Homann et Schenk.

744. Plans des batailles ou des siéges de Lissa, de Breslau, etc., par Le Rouge, etc.
745. Cartes du territoire de G'ogau et d'autres parties de la Silésie, par Seutter, etc.

746. Royaume de Westphalie, par Reymann. 1807.
747. Autres cartes de la Westphalie, par Homann, etc.
748. Westphalie et Gueldre, par Riizi-Zannoni. 14 f.
749. Divers plans et cartes pour la guerre de Sept-Ans en Westphalie, par W. de Bawr.
750. Royaume de Westphalie, par Ottssefeld.
751. Cartes des évêchés de Münster et de Paderborn, par Homann, etc.
752. Cartes du Palatinat du Rhin et des pays voisins, par Jaillot, Bailleul, etc.
753. Cartes de l'archevêché de Trèves, par N. Visscher, De Witt, Homann, etc.
754. Reconnaissance militaire du Hundsruck et du pays entre Rhin et Moselle, par le général Hardy. 6 f. An VI.
755. Partie de Hundsruck, par Homann.
756. Cartes des duchés de Clèves, de Berg, de Juliers, de l'archevêché de Cologne, du cercle du Bas-Rhin, et plans de Cologne, par De Witt, etc.
757. Deux plans manuscrits de Mont-Royal, sur la Moselle.
758. Plan manuscrit de Sarrelouis.

RUSSIE.

759. Atlas archéologique de la Russie européenne, par le comte Jean Potocki. 2e édit., tirée à 12 exemplaires.
760. Autre carte historique de la Russie.
761. Carte de la Russie, par Herberstein.
762. Empire Russe, par Homann.
763. Empire de Russie, Grande et Petite Tartarie, par Hasius, avec texte en latin.
764. Carte de l'empire de Russie, dressée par Poirson, revue par Mentelle. 2 f. 1802.
765. Empire Russe, par Vixen. 6 f.
766. Atlas russe, contenant une carte générale et 19 cartes particulières de tout l'empire de Russie, par l'Académie des Sciences de Saint-Pétersbourg ; avec texte in-fol.
767. Carte de l'empire Russe, gravée par Tardieu, pour l'Atlas du Commerce de Le Clerc.

768. Cartes de l'empire Russe, par Mortier, Homann, Le Rouge, Mariaval, Kyrilov (2 f.), Robert de Vaugondy, Mentelle, Trescot et Schmidt (3 f.), etc.

769. Carte de la partie européenne de l'empire de Russie, rédigée au dépôt impérial de S.-Pétersbourg. 12 f. 1809.

770. Cartes de la Russie d'Europe, par Janvier, H. Moll, N. Visscher (3 f.), etc.

771. Russie d'Europe, par Lapie. 6 f.

772. Plusieurs feuilles de la Russie d'Europe, publiées par le dépôt de la guerre de Paris.

773. Théâtre de la guerre en Russie, en 1812. 3 f.; avec texte.

774. Carte russe de la Russie mérid., dédiée à Paul Iᵉʳ. 1800.

775. Ingermanie et Carélie, par l'Académie impériale de Saint-Pétersbourg.

776. Ingermanie et Carélie, par Homann.

777. Plusieurs cartes et plans manuscrits de la rade et de la ville de Saint-Pétersbourg.

778. Carte russe des environs de Saint-Pétersbourg.

779. Carte russe du pays compris entre Saint-Pétersbourg et le lac Ladoga.

779 bis. Plan de Saint-Pétersbourg, par De Fer. 1717.

780. Autres plans de Saint-Pétersbourg, par Ottens, Beaurain, Saritchev.

781. Carte russe du canal de Ladoga.

782. Plan de la bataille de Narva, en 1705.

783. Livonie, par De Witt.

784. Cartes de la Livonie et de la Courlande, par Ottens et Homann.

785. Cartes du grand-duché de Lithuanie, par De Witt et Ottens.

786. Carte de la Podolie, des frontières de la Pologne, de la Transylvanie, etc., gravées par Chalmandrier. 3 f.

787. Cartes de la Finlande, par Lapie, De Witt, etc.

788. Carte du golfe de Finlande, gravée par Tardieu, pour l'Atlas du Commerce de Le Clerc.

789. Plusieurs autres cartes du golfe de Finlande.

790. Carte marine du nord de la Russie et de la Nouvelle-Zemble.

791. Plans des batailles de la Moskva et de Malo-Iaroslavetz, par La Beaume.

792. Plan manuscrit du Kremlin, à Moscou, d'après le voyage du docteur Clarke.

793. Plan du camp de l'armée russe sur la rive gauche de la Drina, devant Drissa, en 1812.

794. Carte de l'Ukraine, par Homann.

795. Cours du Volga, par D. P. 1659.

796. Carte pour les opérations de la guerre des Russes contre les Turcs, entre le Dniepr et le Don, en 1736.

797. Théâtre de la guerre sur le Dniepr, le Dniestr et le Danube, en latin et en russe, publié par l'Académie des Sciences de Saint-Pétersbourg. 1738.

798. Théâtre de la guerre dans le S. de la Russie, en 1737, par l'Académie des Sciences de Saint-Pétersbourg.

799. Carte russe de la Crimée et du cours inférieur du Dniepr et du Don, pour les opérations de la guerre en 1736. 2 f.

800. Carte de la Crimée et des pays voisins, pour les opérations de la guerre en 1736 et 1737, par Frauendorff; avec texte en français, en latin et en allemand.

801. Cartes pour les expéditions des armées russes dans le S. de la Russie, en 1736 et 1737, par Ottens, etc.

802. Carte de l'embouchure du Dniepr, pour le théâtre de la guerre en 1787 et 1788.

803. Carte allemande de la Tauride, pour servir au théâtre de la guerre en 1787.

804. Tauride, par Dezauche.

805. Carte de la Tauride, par Poirson, pour servir au voyage de Reuilly en 1803.

806. Carte de la Tauride, par Kinsbergen. 4 f.

807. Plan de Sévastopol et de ses environs, par P. Tardieu.

808. Régions mérid. de la Russie, pour les voyages de Clarke.

809. Plan d'Odessa, par Lapie. 1809.

810. Cartes manuscrites d'une partie du cours du Don et du Dniestr.

811. Plan de la bataille de Choczim, entre les armées russe et ottomane, en 1739, par le chevalier de Villars.

812. Carte manuscrite de l'île de Taman, levée par Hablitz en 1787.

813. Carte de l'embouchure du Dniepr, pour l'Atlas du Commerce de Le Clerc.

814. Carte du cours du Térek, par Stehler.

815. Carte des parties de la Russie et de la Turquie baignées par la mer Noire, par Sotzmann.

816. Carte d'une partie de la Russie, par Corn. Cruys. 14 f.; avec texte de 16 pages in-fol.

817. Carte de la mer Noire, par Corn. Cruys.

818. Carte de la mer d'Azov, par Corn. Cruys.

819. Carte de la mer Noire et de la mer d'Azov, dédiée à Catherine II. 2 f.

820. Carte de la mer Caspienne et des limites entre les possessions russes et turques en 1727.

POLOGNE.

821. Carte de la Pologne, avec plan de Varsovie, par Rizzi-Zannoni. 24 f.

822. Carte de l'ancien royaume de Pologne, pour en faire comprendre les partages, par Mentelle et Chanlaire.

823. Cartes de la Pologne, par Homann, Rizzi-Zannoni, Hérisson, Brion, Robert de Vaugondy, Kitchin, etc.

824. Carte hydrographique de la Pologne, par De Perthes.

825. Carte de la partie méridionale du grand-duché de Varsovie, dressée au dépôt général de la guerre en 1808.

826. Carte de la woïwodie de Cracovie, par De Perthes. 9 f.

827. Carte de la woïwodie de Sandomir, par De Perthes. 16 f.

828. Plusieurs plans de Varsovie.

SUÈDE, NORVÉGE ET DANEMARK.

829. Carte de la péninsule Scandinave et du Danemark, par De Witt, Mortier, Hérisson, Delamarche (2 f.), etc.

830. Carte de la péninsule Scandinave, pour servir au journal du voyage de Maupertuis et de Clairaut en 1736.

831. Cartes de la Norvége, par Homann, De Witt, etc.

832. Cartes du Danemark, par Homann, De Witt, Robert, Lapie, etc.

833. Carte d'une partie de la Scandinavie et de l'Allemagne, pour l'histoire des guerres entre les Suédois et les Danois.

834. Cartes de plusieurs parties de la Suède, par De Witt.

835. Province d'Upsal, par Hallström.

836. Carte du lac Mœlar, par J.-N. Creutz. 2 f.

837. Vue de la ville de Tornea, pour le voyage des académiciens français.

838. Plan de Stockholm, pour le voyage des académiciens français.

839. Carte des Scherens de Stockholm, et vues de cette ville, par Homann.

840. Trois cartes manuscrites (l'une suédoise, les deux autres françaises) des Scherens de Stockholm.

841. Plusieurs plans manuscrits des ports de Carlscrone et de Carlshamn.

842. Cartes de la Gothie, par De Witt, Homann, etc.

843. Carte du cours de la Gotha, et plan du canal de Gotha, avec vue de la cataracte de Trollhœtta, par Akrel.

844. Carte du Nordland suédois, par De Witt.

845. Carte du N. de la péninsule Scandinave, pour les voyages d'Acerbis.

846. Laponie, par De Witt.

847. Carte de l'arc du méridien mesuré en Laponie par les académiciens français.

848. Divers plans et figures pour le voyage des académiciens français au cercle polaire.

849. Cartes particulières des îles Danoises, du Sund, etc., et plans de Copenhague, par Homann, le pilote Gautier, etc. (plusieurs sont manuscrits).

850. Cartes particulières de la péninsule Danoise, par Homann, Visscher, Allard, etc.

851. Cartes du Holstein, par Visscher et Homann.

852. Plan du canal de Holstein.

853. Cartes du duché de Lauenbourg, par Homann et par l'Académie des Sciences de Berlin.

854. Plan de l'île Helgoland.

855. Ancienne carte hollandaise de l'Islande, de l'île Jean-Mayen et du Spitzberg.

ILES BRITANNIQUES.

856. Iles Britanniques, par Laple. 8 f. 1812.

857. Cartes des Iles Britanniques, par Picquet, Bonne, Hérisson, Janvier, H. Moll, Homann, Jaillot, Inselin, De Fer, De Witt, Valk, Visscher, Allard, Tavernier. Jollain.

858. Carte réduite des Iles Britanniques, par Bellin. 2 f.

859. Cartes réduites des Iles Britanniques, dressées au dépôt de la marine.

860. Diverses cartes marines des côtes d'Écosse et d'Irlande, par Van Keulen, Kerguelen, etc.

861. Tableau des distances des villes de la Grande-Bretagne et de l'Irlande, par Beughen.

862. Cartes de la Grande-Bretagne, par H. Overton et Herm. Moll.

863. Angleterre, par De Witt. 3 f.
— *Id.*, par Ph. Overton. 10 f. 1692.
864. Cartes d'Angleterre, par N. Visscher, H. Moll, Morden, Bowles (avec armes des comtés), Hérisson, Le Rouge, Ottens, Valk, De Witt, Allard, etc.
865. Atlas des comtés d'Angleterre et du pays de Galles, par H. Moll (avec figures représentant des antiquités, des curiosités, etc.).
866. Partie méridionale de la Grande-Bretagne, par Julien. 11 f.
867. Plusieurs comtés d'Angleterre, par Ph. et H. Overton, J. Seller, etc.
868. Cartes marines représentant une partie des côtes mérid. et orient. de l'Angleterre, par Van Keulen, etc.
869. Plans et vues de Londres et de Windsor, par Bowles, etc.
870. Plans et vues de Deptford, Woolwich, Sheerness, Portsmouth, par Th. Milton.
871. Cartes des environs de Londres, par Le Rouge, Homann, Bowles.
872. Carte très-ancienne du pays de Galles (Cambriæ typus), par H. Lluyd.
873. Carte manuscrite de l'île de Jersey, d'après la carte du capitaine Clément Lemprière.
874. Carte des îles de Guernesey et de Jersey.

875. Cartes d'Écosse, par G. Mercator, Visscher, Allard, De Witt, Valk, Homann, Le Rouge, Hérisson, etc.
876. Atlas de l'Écosse, par H. Moll. 28 f.
877. Carte d'Écosse, par H. Moll. 2 f.
— *Id.*, par le même. 1 f.
— *Id.*, par Sutton Nicholls. 2 f.
878. Carte des environs d'Edinbourg, par Robert de Vaugondy.

879. Cartes d'Irlande, par De Fer, Allard, Visscher, Valk, Homann, Le Rouge, Hérisson, De Witt.
880. Carte d'Irlande, par H. Moll. 2 f.
— *Id.*, par Th. Bowles. 2 f.
— *Id.*, par Th. Jefferys. 2 f.
— *Id.*, publ. par le dépôt général de la guerre, d'après celle d'Alex. Taylor. 2 f.

881. Atlas de l'Irlande, par H. Moll. 18 f.
882. Prov. de Leinster, par Jansson.
883. Calque de la carte des lacs de Killarney, par Faden.

ESPAGNE.

884. Cartes d'Espagne, par Coronelli, Nolin, Jaillot.
885. Carte d'Espagne, par H. Moll. 2 f.
— Id., par Bowles. 2 f.
— Id., par Inselin. 2 f.
— Id., par Valk. 4 f.
— Id., par Jaillot. 4 f.
— Id., par De Fer. 2 f. (Avec portraits des rois d'Espagne).
— Id., par Ottens. 4 f.
886. Cartes d'Espagne, par Robert, Vander-Aa, Allard, De
   Witt, Valk, Homann, Janvier, Schneider.
887. Carte d'Espagne, par Orgiazzi, avec description statistique.
888. Espagne, par Mentelle et Chanlaire. 8 f.
889. Espagne, par Lapie et Picquet.
890. Atlas de l'Espagne, par T. Lopez. 1 beau vol. in-fol.
891. Carte générale et plusieurs cartes particulières manuscrites d'Espagne.
892. Cartes manuscrites et gravées de différents itinéraires en
   Espagne, par Lartigue. 1808.
893. Carte marine des côtes d'Espagne et de Portugal, par
   Van Keulen.
894. Carte des côtes d'Espagne et de Portugal, par De Witt.
895. Diverses autres cartes des côtes d'Espagne et de Portugal.

896. Partie méridionale des États de Castille, par Robert de
   Vaugondy.
897. Cartes de la Nouvelle et de la Vieille-Castille, par Nolin,
   Visscher, T. Lopez.
898. Plan de Madrid, par T. Lopez.
899. Plusieurs autres plans de Madrid, entre autres celui de
   Julien en 4 f.
900. Plans de L'Escurial, de Zorita et de plusieurs autres lieux
   de la Nouvelle-Castille.
901. Cartes de la Catalogne, par Visscher, Allard, Valk, Homann, Nolin, Roussel (2 f.).
902. Autre carte de la Catalogne, par Nolin. 4 f.
903. Catalogne, par le P. Placide.

904. Catalogne, par F.-X. de Garma y Duran.

905. Plan de la bataille de Verges, en Catalogne, par le P. Placide.

906. Plans de plusieurs points des côtes de la Catalogne, par le pilote Ayrouard.

907. Carte manuscrite de la partie N.-E. de la Catalogne.

908. 3 plans manuscrits de Girone et des environs.

909. Carte manuscrite des environs de Prats del Rey.

910. Plans manuscrits et gravés de Barcelone, Hostalrich, Palamos, Roses, etc.

911. Cartes de l'Aragon, par De Witt, Nolin, Lavaña. 5 f.

912. Plan manuscrit de Jaca, par De Contenille.

913. Carte de la frontière de France et d'Espagne, par De Fer.

914. Navarre, par De Witt.

915. Navarre et Biscaye, par Nolin.

916. Cartes des royaumes de Valence et de Murcie, par Nolin, Cassaus (2 f., avec plans de villes, etc., 1693), et plusieurs autres auteurs.

917. Plans de plusieurs points de la côte du royaume de Valence, par le pilote Ayrouard.

918. Quatre plans manuscrits du port de Carthagène.

919. Plan de la ville, du port et de l'arsenal de Carthagène, publiés par le dépôt de la marine, d'après Tofiño.

920. Plusieurs autres plans du port de Carthagène.

921. Carte du royaume de Grenade et de l'Andalousie, par Nolin. 2 f.

— Id., par Ottens.

922. Carte manuscrite de la côte d'Espagne, depuis Stepona jusqu'à Gibraltar.

923. Plusieurs plans manuscrits et gravés de la baie et de la ville de Gibraltar.

924. Cartes du détroit de Gibraltar, par Lyns Lager, Weidler et Vezou.

925. Cartes de la baie de Cadix, par Van Keulen et Beaurain.

926. Plusieurs plans de Cadix et de sa rade, entre autres celui du dépôt de la marine, 1811.

927. Plan de la baie de Cadix, levé sous la direction du vice-amiral Rosili.

928. Plusieurs plans manuscrits de l'arsenal de la Caraque, près de Cadix.

929. Carte manuscrite de la frontière d'Espagne et de Portugal, depuis Badajoz jusqu'au Douro, par Penplers. 4 f.

930. Galice et Asturies, par Nolin. 2 f.

931. Ancienne carte du royaume de Léon et des Asturies, avec texte en latin.

932. Plusieurs plans des villes ou ports de Saint-Sébastien, Bilbao, Santona, Santander, Gijon, Vivero, Ribadeo, Barquero, Ferrol, La Corogne, Camarinas, Corcubion, Pontevedra, Vigo, etc., publiés par le dépôt de la marine d'après Vicente Tofiño.

933. Plan de la ville et du port de Saint-Sébastien, par le dépôt de la marine.

934. Plans manuscrits de Saint-Sébastien.

935. Plan du port du Passage, par le dépôt de marine.

936. Plan manuscrit du même port.

937. Carte des îles Baléares, par Ottens.

938. Carte de l'île Majorque, par Despuig y Dameto, 4 f., avec plans de villes, vues, etc.

939. Carte manuscrite de l'île Majorque.

940. Cartes de l'île Majorque, par De Fer et Bellin.

941. Plans de la baie de Palma et d'autres parties de la côte de Majorque, par le dépôt de la marine, d'après Tofiño.

942. Plans manuscrits ou gravés d'Alcudia et d'autres points de Majorque.

943. Carte de l'île Minorque pour la campagne du maréchal de Richelieu.

944. Cartes de l'île Minorque, par Van Keulen et Beaurain.

945. Carte manuscrite de la côte sud-ouest de Minorque.

946. Plan manuscrit du fort Saint-Philippe (Minorque).

947. Plans et vues de plusieurs parties des côtes des Baléares, par le pilote Ayrouard.

948. Carte manuscrite de l'île Cabrera, par les prisonniers français.

PORTUGAL.

949. Cartes du Portugal, par F. Halma, De Witt, Nolin, Homann, De Fer, le P. Placide, Le Rouge, Allard.

950. Carte du Portugal, par Rizzi-Zannoni. 2 f.

— Id., par Bailleul. 2 f.

951. Plan du port de Lisbonne et des côtes voisines, par Bellin.

952. Plans manuscrits et gravés du mouillage de Lagos, par Le Roy.

953. Plan manuscrit d'Almeida.

ITALIE.

954. Italie, par Gherardo. 4 f. 1639.

955. Italie, par Matteo Greutter. 11 f. 1695. (Avec costumes et plans.)

956. Italie, par Tillemont.

— *Id.*, par Homann.

— *Id.*, par Le Rouge.

— *Id.*, par H. Moll.

957. Italie, par Cantelli da Vignola.

— *Id.*, par De Witt.

— *Id.*, par Allard.

— *Id.*, par G. et L. Valk.

958. Italie, par Janvier.

— *Id.*, par C.-F. Delamarche.

959. Carte générale manuscrite de l'Italie, par Cassini. 1 grande f., réduction de celle de 15 f.

960. Italie, avec les routes de poste, par Jaillot.

961. Italie, par Rizzi-Zannoni. 2 f.

962. Italie, par Orgiazzi. 2 f.

963. Géographie particulière pour les guerres d'Italie, principalement en 1733, par Gaspard Bighignato, avec plans.

964. Carte du théâtre de la guerre en Italie, par Bacler d'Albe. 30 f.

965. Carte des théâtres de la guerre en Italie, par Lapie. 4 f.

966. États du duc de Savoie, par J.-B. Borgonio. 13 f., avec texte. Turin, 1680.

967. États de Savoie et de Piémont, par Nolin. 2 f.

— *Id.*, par Jaillot. 6 f.

968. Cartes de la Savoie et du Piémont, par Jollain, Visscher, Homann, De Fer, Nolin.

969. Cartes du Piémont, par J. Blaeuw, Le Rouge, le P. Placide, De Fer, etc.

970. Piémont, Montferrat, etc., par G. Mercator.

971. Piémont, Montferrat et république de Gênes, par De Fer.

972. Carte topographique et militaire des Alpes, par Raymond. 12 f., avec tableau d'assemblage. Paris, 1820.

973. Plusieurs cartes manuscrites de la vallée et de diverses parties des bords de la Sture.

974. Deux cartes manuscrites des environs de Suze et de Fénestrelles.

975. Carte des vallées du Piémont qu'habitent les Vaudois ou Barbets, par Nolin.

— Id., par Ottens.

976. Carte générale des marches de l'armée de réserve, depuis le passage du Grand Saint-Bernard jusqu'à la bataille de Marengo, par Lapie ; avec figures représentant le passage du Saint-Bernard et la bataille de Marengo.

977. Carte manuscrite des environs du mont Viso.

978. Plans de Turin, par Beaurain et quelques autres auteurs.

979. Plan manuscrit des environs d'Alexandrie.

980. Plan manuscrit et gravé de la bataille de Bassignana en 1745, par Bourroul.

981. Carte manuscrite du cours de la Bormida.

982. Plans manuscrits de Casal et des environs de Trin et de Pont-de-Sture.

983. Plan de Tortone.

984. Plan de la bataille gagnée par Don Philippe près de Coni, en 1744, par Le Rouge.

985. Plan manuscrit de Pignerol.

986. Plan manuscrit du fort de Briqueras, près Pignerol.

987. Cartes du territoire de Gênes, par Magini, Jaillot, De Fer, Le Rouge, etc.

988. Carte du territoire de Gênes (topographie de la Ligurie), par Jos. Chafrion. 8 f. 1665.

989. Plans de Gênes, par Lafreril (Rome, 1573), Coronelli, etc.

990. Plans de Savone et du voisinage.

991. Plans de Portofin et de Porto-Venere, du golfe de La Spezzia, etc., par le pilote Ayrouard, etc.

992. Carte manuscrite de la Lunigiane.

993. Plan manuscrit du château de Vintimille.

994. Carte manuscrite du comté de Nice.

995. Carte géométrique du comté de Nice et de la vallée de Barcelonnette, levée par ordre du roi pendant la campagne de 1758, par Villaret. 3 f.

996. Carte du comté de Nice et du marquisat de Saluces, par De Fer.

997. Carte des environs de Nice, publiée par Guérard.

998. Plusieurs vues et plans de Nice, de Villefranche, etc.

999. Cartes de la Savoie, par J. Blaeuw, le P. Placide, Le Rouge, Robert de Vaugondy.

1000. Plan topographique du plateau du Mont-Cenis, par une commission de l'Institut. 1813.

1001. Plan topographique d'une partie du Mont-Cenis, par Brune.

1002. Plan topographique du Mont-Cenis, par Picquet.

1003. Plan perspective du Mont-Blanc et du Mont-Maudit, par Bourcet. An VII.

1004. Carte du département du Mont-Blanc, par Raymond.

1005. Carte physique et minéralogique du Mont-Blanc, par le même.

1006. Carte du Chablais, par J. Blaeuw.

1007. Carte manuscrite et gravée de la partie des Alpes qui avoisine le Mont-Blanc, par M. A.-P.

1008. Cartes des îles de Sardaigne et de Corse, par De Witt et Mortier.

1009. Cartes de l'île de Sardaigne, par Magini, Van Keulen, Homann, Robert, Le Rouge.

1010. Golfe de Cagliari et plusieurs autres points de l'île de Sardaigne, par le pilote Ayrouard.

1011. Plan manuscrit du mouillage du cap Carbonaire (Carbonara).

1012. Carte de la Lombardie, publiée par Julien, sous la direction de d'Anville, avec tableau d'assemblage.

1013. Cartes de la république de Venise, par Valk, Homann, etc.

1014. Plusieurs cartes des parties septentr. de l'Italie, par Ant. Magini.

1015. Théâtre de la guerre en Italie, comprenant les républiques de Venise, de Gênes, etc., par De Witt. 1 f. 1/2.

1016. Diverses autres cartes des mêmes pays.

1017. Carte de la république Italienne, divisée en 12 départ., par C.-F. Delamarche. 2 f.

1018. Carte des républiques Italienne et Ligurienne, etc., par Lapie. 4 f. 1805.

1019. Carte du royaume d'Italie, par C.-F. Delamarche. 2 f.

1020. Carte manuscrite du Milanais. 12 f.

1021. Cartes du Milanais, par Valk, Nolin, Homann, Le Rouge, Allard, Jaillot, Robert, De Witt, etc.

1022. Milanais, par Frattino. 1703.

1023. Plans de Milan, de Pavie, de Lodi, de Pizzighettone, de Crémone, par De Fer, Nolin, etc.

1024. Cartes du territoire de Brescia et de Crema, par Magini et par Mortier.

— Trois plans de Brescia.

1025. Territoire de Bergame, par Magini.

1026. Carte du Crémasque, par Magini.

1027. Cours du Pô, par le P. Placide. 5 f.

1028. Cours du Pô, par Homann.

— Id., par Le Rouge.

1029. Cours du Pô, par Nolin. 2 f.

— Id., par Beaurain. 2 f.

1030. Cartes manuscrites du cours du Tésin.

1031. Carte du cours du Tésin et des pays voisins, par Orgiazzi.

1032. Deux cartes manuscrites du cours du Mincio.

1033. Carte très-ancienne des environs du lac de Côme.

1034. Plans de Mantoue, par Beaurain, Delahaye, etc.

1035. Cartes du territoire de Vicence, par Magini, Mortier, etc.

1036. Territoire de Venise, par Magini, Scolari, etc.

1037. Cartes du Padouan, de la Polésine de Rovigo, etc., par Magini, Mortier, etc.

1038. Diocèse de Padoue, par P.-B. Clarici. 3 f. 1720.

1039. Environs de Venise, par Mortier.

1040. Plans de Venise, par De Fer, etc.

1041. Plan de Vérone.

1042. Cartes de la marche Trévisane, du territoire de Belline, du Cadorino et du Frioul, par Magini.

1043. Très-ancien plan de Seratalle.

1044. Plan d'Udine, par Gironcoli. 4 f.

1045. Carte manuscrite du cours de l'Adige, dans le Véronais.

1046. Cartes des États de l'Église et de la Toscane, par Magini, Robert, De Witt, Valk, Homann, Giac, Rossi, Jaillot, Le Rouge, Mortier, Christophe Maire, Santini (d'après Boscovich), etc.

1047. Carte de la Toscane, des États de l'Église, du royaume de Naples, etc., gravée par Perrier. 2 grandes f. 1786.

1048. Duché de Ferrare, par Mortier.

1049. Duché de Ferrare, par Magini.

— Id., par Bonfadini.

1050. Duché de Ferrare, par Baruffaldi. 4 f. 1782.

1051. Carte du territoire de Ferrare, par Casoli. 2 f.

1052. Très-ancienne carte du territoire de Ferrare.

1053. Plan manuscrit de Ferrare.

1054. Légation de Bologne, par Nolin.

1055. Partie montagneuse du territoire de Bologne, par Magini.

1056. Carte du pays situé entre Bologne et Ferrare, d'après Baruffaldi et Chiesa.

1057. Duché d'Urbin, Romagne (autrefois Flaminie), et territoire de Bologne, par Magini.

1058. Marche d'Ancône, par Hondius.

— Id., par Rossi.

1059. Carte de l'Ombrie, par Rossi.

1060. Carte du territoire de Pérouse (*descrizione del territorio di Perugia Augusta*), par Danti. 2 f. 1580.

1061. Cartes de l'Orviétan, de l'Ombrie, du territoire de Pérouse, de la Marche d'Ancône, par Magini.

1062. Carte des environs de Rome, par De Fer.

1063. Topographie géométrique de la campagne de Rome, par Cingolani. 6 f. 1704, avec un texte par Campiglia.

1064. Campagne de Rome, par Magini.

— Id., par Rossi. 4 f. 1693.

1065. Carte des Marais-Pontins, par Falda. 1678.

1065 *bis.* Carte des Marais-Pontins, gravée par Collin.

— La même, représentant les Marais en 1777.

1066. Marais-Pontins, par Guigi. 1778.

— Id., par Salvati. 1795.

— Id., par Astolfi (carte dressée par ordre de Pie VI. 4 f.).

1066 *bis.* Plan de Rome, fait à Rome en 1600.

— Autres plans de Rome, par De Fer, Nolin, Rossi (1668, 4 f.), Mortier, etc.

1067. Vues de l'église Saint-Pierre, du château Saint-Ange, de divers autres édifices de Rome, et figures de bas-reliefs, d'obélisques, etc.

1068. Carte manuscrite des environs de Velletri.

1069. Vue du Monte-Circello.

1070. Plan de l'aqueduc de Civita-Vecchia, par Benedetti.

1071. Plans du port d'Anzio, du port d'Ostie, de Civita-Vecchia, etc.

1072. Carte du diocèse de Tivoli, avec vues de monuments, inscriptions, etc.

1073. Carte manuscrite du même pays.

1074. Partie de la Sabine, où se trouvait la maison d'Horace, par l'abbé Capmartin.

1075. Patrimoine de Saint-Pierre et Sabine, par Magini.

— Id., par Ameti et Rossi. 4 f. 1696.

1076. Cartes du grand-duché de Toscane et du duché de Lucques, par Valk, Magini, etc.

1077. Plans de Florence et de Livourne, dont plusieurs manuscrits.

1078. Territoire de Sienne, par Magini.

1079. Plans de Piombino et de l'île d'Elbe, par Mortier.

1080. Carte de l'île d'Elbe, par Magini.

— *Id.*, par Picquet. 1814.

— Autre, manuscrite.

1081. Plan de Porto-Ferrajo, de Porto-Longone et de diverses autres parties de l'île d'Elbe et du territoire toscan voisin.

1082. Cartes des duchés de Parme et de Plaisance, par Magini, Homann, etc.

1083. Plusieurs plans de Parme, de Plaisance et de Guastalla.

1084. Cartes du duché de Modène, par Magini, Nolin, Vandelli (4 f.).

1085. Plusieurs plans de Modène.

1086. Carte de la bataille de Luzzara, en 1702, par Fricx.

1087. Cartes du royaume de Naples, par Magini, Ligorio, De Witt, Valk.

1088. Royaume de Naples et de Sicile, par Clermont.

1089. Royaume de Naples, par Rizzi-Zannoni. 4 f.

1090. Cartes du Royaume de Naples et de la Sicile, par Mortier, Le Rouge, Jaillot, Robert (2 f.), Nolin, Laborde (2 f.).

1091. Carte manuscrite du royaume de Naples, pour servir aux essais du comte Orloff, par Peregni.

— La même, gravée.

1092. Calques de l'atlas maritime du royaume de Naples, par Rizzi-Zannoni.

1093. Partie septentr. du royaume de Naples, par Robert.

1094. Plans du golfe de Naples, par le pilote J. Ayrouard et N. Bellin.

1095. Carte du golfe de Pouzzoles, avec une partie des Champs-Phlégréens, par MM. de la Vega. 1778.

1096. Plan du port de Pouzzoles, par le pilote Ayrouard.

1097. Plan d'Ischia, par Magini.

1097 *bis.* Vues des ruines de Pœstum et de Pompéi.

1098. Carte des merveilles de Cumes, de Pouzzoles et de Baïa, par De Fer

1099. Plans manuscrits du golfe et de la rade de Baïa.

1100. Terre de Labour, par Baratta et Magini.

1100 *bis*. Vue des Champs-Phlégréens, 1587.

1101. Plans de la rade de Gaëte et du port de Ponce, par le pilote Ayrouard.

1102. Cartes des Abruzzes, par Magini.

1103. Carte manuscrite du diocèse des Marses (Abruzzes), par Rerillas, 1733.

1104. Comté d'Aquila, par Vandi.

1105. Plan d'Aquila, par le même.

1106. Cartes du comté de Molise, de la Principauté citérieure, de la Principauté ultérieure, de la Capitanate, de la Basilicate et de la terre de Bari, par Magini.

1107. Basilicate, par Jansson.

1108. Cartes de la terre d'Otrante, de la Calabre citérieure et de la Calabre ultérieure, par Magini.

1109. Plan du port de Tarente, par le pilote Ayrouard.

1110. Plan manuscrit de la baie de Tarente, par Verguin.

1111. Sicile, par Magini.

1112. Sicile, par De Witt, avec plans de Palerme, Messine, etc.

1113. Cartes de la Sicile, par Homann, Visscher, Nolin, Jaillot, Ottens, Bellin, Daldoné, etc.

1114. Carte de la Sicile, publiée à Rome en 1779. 4 f., et une feuille de texte, pour les productions naturelles de l'île, avec plans de villes, vues de monuments, figures d'histoire naturelle, etc.

1115. Plan du détroit de Messine, par le pilote Ayrouard.

1116. Plans de Palerme, de Messine, etc., par Beaurain et quelques autres auteurs.

1117. Plan manuscrit d'Augusta, en Sicile.

1118. Iles de Malte et de Gozzo, par De Palmeus. 2 f.

1119. Cartes des îles de Malte et de Gozzo, par Van Keulen, De Witt, Mortier, Homann.

1120. Carte manuscrite des îles de Malte et de Gozzo.

1121. Plan de la ville capitale de Malte, par De Palmeus.

1122. Plan du port de Marsa-Sirocco, dans l'île de Malte, par Verguin.

1123. Plusieurs plans des fortifications de l'île de Malte.

1124. Plan de la Cité-Neuve de Chambray, par De Palmeus.

1125. Plan de la calle de l'île Lampedouse.

1126. Cartes du duché de Mantoue, de la Romagne et d'autres parties de l'Italie, par Nolin, Beaurain, Homann, etc.

1127. Cartes très-anciennes de différentes parties de l'Italie,
par Scolari et Magini.

1128. Cartes très-anciennes de l'île de Corfou, de la Lombardie, de la Marche Trévisane, de la Polésine de Rovigo, des
États de l'Église, de la Terre de Labour et de l'Andalousie,
par Gérard Mercator, Guillaume Blaeuw, Hondius, Jansson,
Eilhard Lubin, Giacomo Rossi, Adolar Eric, Mellinger.

TURQUIE.

1129. Carte très-ancienne de l'empire Turc (par Gérard
Mercator?).

1130. Carte de l'empire Turc, par Valk, J. Tirion, Visscher.

1131. Carte très-anc. de l'empire Turc, avec texte français.

1132. Empire Ottoman, par Lapie, avec plan de Constantinople. 1822.

1133. Turquie d'Europe, par Lapie. 16 f.

1134. Turquie d'Europe et d'Asie, par Berthe. 1822.

1135. Turquie d'Europe, par Robert de Vaugondy.

1136. Carte de la Turquie d'Europe et de la mer Noire (en
turc). 2 f.

1137. Cartes de la Turquie d'Europe, par De Witt, Janvier,
Riedl, etc.

1138. Turquie d'Europe, par Müller (en grec). 11 f.

1139. Turquie d'Europe, par Arrowsmith. 2 f.

1140. Turquie d'Europe, par Gaétan Palma. 2 f.

1141. Carte de la plus grande partie de la Turquie d'Europe,
par Gaétan Palma.

1142. Cartes de la Bulgarie et de la Romanie, par Cantelli da
Vignola et par Valk.

1143. Macédoine, Epire, Livadie, etc., par Cantelli da Vignola. 1684.

1144. Plusieurs calques de cartes de la Romélie, entre autres
de la carte de la grande route de Jagonida à Constantinople, telle qu'on l'a suivie en 1719 pour se rendre auprès du
comte de Virmont.

1145. Calque d'une carte du théâtre de la guerre sur le Ti-
mok, en 1737.

1146. Copie manuscrite du plan de Constantinople par Clau-
dio Ducheto (en 1570).

1147. Plusieurs plans (gravés et manuscrits) et vues de Constantinople, entre autres par Barabé, Kauffer, Lechevalier.

1148. Calque d'un plan de la ville et du port de Constantinople et du voisinage, par Decombes.

1149. Tableau de l'arrivée de la flotte anglaise, en février 1807, devant Constantinople, et retour de la même flotte.

1150. Carte manuscrite du Bosphore, par P.-D. Bohn. 2 f.

1151. Carte du canal de Constantinople, par Jefferys.

1152. Plusieurs cartes et vues du Bosphore, entre autres celles de P.-F. Tardieu, Samplerdarena, Thuillier, Müller (en grec, 2 f.)

1153. Plan manuscrit d'une partie de l'isthme du mont Athos.

1154. Vue du mont Athos, d'après Alex. à Via. 1784.

1155. Cartes manuscrites de la presqu'île de Khalcidique, du golfe de Contessa, de l'isthme du mont Athos.

1156. Cartes manuscrites du golfe de Salonique, etc., par le pilote Gaulier. 1738.

1157. Partie septentrionale de l'empire Ottoman, par Rizzi-Zannoni. 3 f.

1158. Théâtre de la guerre, ou confins de l'Autriche, de la Russie et de la Turquie, par Schulz. 1788.

1159. Théâtre de la guerre entre les Russes et les Turcs (carte russe). 3 f.

1160. Carte des limites des empires Autrichien, Russe et Ottoman, par J.-C. Rhode. 6 f. 1785.

1161. Carte des limites des empires de Russie, d'Autriche et de Turquie, par F.-J. Maire. 2 f. 1/2.

1162. Plan de l'expédition du général-major Weismann au delà du Danube, en 1771, avec texte en russe, allemand et français.

1163. Calques de la carte de la navigation du Danube, depuis Semlin jusqu'à la mer Noire, par les capitaines Lauterer et Tauferer, avec notice manuscrite, traduite de l'allemand.

1164. Moldavie et Valachie, par Schmidt.

1165. Valachie, par Ruhedorf.

1166. Carte de la Moldavie (en grec).

1167. Carte de la Moldavie, pour servir à l'histoire militaire de la guerre entre les Russes et les Turcs, levée sous la direction de F.-G. Bawr. 6 f.

1168. Plan de la bataille de Stavouchan, en Moldavie (1739).

1169. Carte russe de la Dalmatie, de la Servie et de la Bosnie. 1806.

1170. Servie et Bosnie, par Riedl. 4 f.

1171. Servie, par Cantelli da Vignola.

1172. Bosnie, par Etienne Briffaut.

1173. Bosnie, Servie, etc., par Schutz.

1174. Bosnie, etc., par Homann.

1175. Calque d'une carte de la Dalmatie, de la Bosnie, etc.,
par Heyma n. 1806.

1176. Plan de la bataille de 1717, près de Belgrade.

1177. Plan de Belgrade et de son territoire.

1178. Plans de Bihacz et de Vranduk.

1179. Carte manuscrite du théâtre de la guerre entre les
Turcs et les Monténégrins en 1769, par Obradovich.

1180. Bouches de Cattaro et Monténégro, par Max. de Fraux.

1181. Calque de la carte du golfe de Valone, par Alberghetti,
avec notice.

1182. Plan manuscrit du golfe de Prevesa.

1183. Plusieurs vues et calques de cartes du golfe de Prevesa,
de la ville d'Arta, de Gomenizza, etc.

1184. Carte de la mer Noire, etc., par Dezauche.

1185. Carte manuscrite des côtes de la mer Noire, depuis les
bouches du Danube jusqu'au canal de Constantinople, par
l'abbé de Hauterive.

1186. Plan du golfe de Bourgas, par Laple. 1809.

1187. Plan de plusieurs ports de la mer Noire, par Laple.

1188. Cartes de la mer de Marmara, par Bellin, Jefferys, et
pour l'Atlas du Commerce de Le Clerc.

1189. Mer de Marmara, par Faden. 2 f. 1786.

1190. Mer de Marmara, par Kauffer. 1 grande f. 1784.

1191. Carte de la mer de Marmara, par Bohn. 1731.

— Id., par le même. 1755. (Une grande f. manuscrite.)

1192. Carte de la mer de Marmara, par le même. 1770. 2 f.

1193. Carte de la mer Égée, par Th. Kitchin.

1194. Carte réduite de l'Archipel, dressée au dépôt de la marine.

1195. Plusieurs autres cartes de l'Archipel, entre autres la
carte dressée par ordre du comte de Maurepas, celle du
pilote Grognard en 1745, et la carte écrite en grec et
gravée par Pierre Picquet en 1810.

1196. Plusieurs cartes de l'Hellespont, avec plans gravés ou
manuscrits des châteaux de Gallipoli, etc.

1197. Cartes manuscrites et gravées des îles de Lemno, Skyro,
Imbro, Samotraki (entre autres celles de Truguet et Rac-
cord), avec plans, vues, etc.

198. Plan manuscrit de l'île de Tasso.

1199. Plan manuscrit du port Saint-Antoine, dans l'île de Lemno.

1200. Tout le royaume de Candie, par Marco Boschini. Atlas de 60 planches. 1651.

2001. Cartes de Candie, par Coronelli, Homann, Visscher, etc.

1202. Plan de La Canée.

1203. Golfe de la Sude; deux plans manuscrits de la rade de la Sude.

1204. Plan manuscrit du labyrinthe de Crète.

GRÈCE ET ILES IONIENNES.

1205. Très-ancienne carte de la Grèce moderne, par Castaldo, avec texte en latin.

1206. Carte de la Grèce, par Mercator.

1207. Cartes de la Grèce, par Valk, Nolin, Coronelli, Jaillot, La Rochette.

1208. Côtes de la Grèce, publiées par ordre du ministre de la marine, an VI, avec notes manuscrites.

1209. Grèce septentrionale, par Homann.

1210. Carte des côtes de la Grèce et de l'Archipel, pour l'Atlas du Commerce de Le Clerc.

1211. Partie de la Grèce, par Kitchin.

1212. Carte manuscrite des côtes occidentales de la Grèce, par Verguin. 1735.

1213. Plant et pourtraict du goulphe de Lépante et Patras, etc., pour l'expédition des chevaliers de Malte en 1603.

1214. Plusieurs plans gravés ou calqués des Petites Dardanelles (détroit de Lépante).

1215. Carte de l'Acarnanie, par Morosini.

1216. Plans d'Athènes, par Guillet, James Stuart, etc.

1217. Plans gravés ou manuscrits d'Athènes et des environs.

1218. Plusieurs cartes manuscrites ou gravées de l'Achaïe ancienne et nouvelle.

1219. Plan manuscrit du Pirée, de la main même du commodore Sidney-Smith.

1220. Carte manuscrite des golfes de Nauplie et d'Athènes, par le pilote Vidal de l'Argentière. 1735.

1221. Cartes de la Morée, par G. Mercator, Visscher, De Fer, Valk, Danckerts, De Witt, Homann, J. Blaeuw, Cantelli da Vignola.

1222. Carte manuscrite de la Morée.

1223. Carte de la Morée, pour l'Atlas du Commerce de Le Clerc.

1224. Plans manuscrits du golfe de Nauplie et du voisinage.

1225. Plan de Nauplie, par Laple.

1226. Vues de Nauplie et du voisinage.

1227. Plusieurs plans et vues de Corinthe.

1228. Calque du plan du golfe de Corinthe, par Lavalle.

1229. Carte manuscrite du golfe d'Egine, levée par M. de Chabert. 1776.

1230. Plan du passage de Macronisi, levé par le même.

1231. Plans manuscrits de la ville de Tripolitza.

1232. Plans du mouillage de Navarin et du voisinage, avec vues de Navarin, Coron et villes voisines.

1233. Plans manuscrits des mouillages de Modon et de Coron.

1234. 2 cartes de la Magnésie (en grec). 1805 et 1811.

1235. Carte manuscrite de la côte au nord de Négrepont.

1236. Plans manuscrits de l'île de Spezzia.

1237. 2 vues d'Hydra.

1238. Cartes manuscrites et gravées des îles de Stampalie, Santorin, Milo, Naxie, Paro, Thermia, Amorgo, Syra, Myconi, Délos, Tino; avec vues des grottes d'Antiparo, etc., plans, portraits d'habitants, etc.

1239. Plan du golfe et des îles volcaniques de Santorin, par Kauffer.

1240. Plan de l'écueil sur lequel était le temple de Bacchus, près de Naxie, par le même.

1241. Plans manuscrits et gravés de plusieurs parties des îles Ioniennes, par Gell, Verguin, etc.

1242. Plusieurs cartes manuscrites de l'île de Cérigo.

1243. Vues de diverses parties de cette île.

1244. Réduction manuscr. du plan des côtes de l'île de Corfou, exécuté par les ingénieurs géographes du royaume d'Italie.

1245. Plusieurs plans de l'île de Corfou, calqués sur les cartes de Coronelli, d'Arrowsmith, etc.

1246. Plan du siége de Corfou en 1716, par Homann.

1247. Ile de Corfou, par Ottens.

1248. Carte manuscrite de l'île et du canal de Corfou, par Verguin. 1736.

1249. Carte manuscr. du mouillage de Corfou, par le même.

1250. Plan manuscrit du lac et de la vallée de Saint-George, dans l'île de Corfou, par Picro Piccolo.

1251. Calques de l'île Sainte-Maure et de Céphalonie, copiés sur Arrowsmith, Coronelli, etc.
1252. Plans manuscr. de Sainte-Maure et des pays voisins. 1793.
1253. Plan de la baie de Sainte-Maure, par Verguin.
1254. Carte de l'île d'Ithaque. 1806.

ASIE.

1255. Anciennes cartes d'Asie, par Leclerc et Hondius, Jansson, Bertius, Chetwind, etc. (Une de ces cartes manuscrite.)
1256. Carte d'Asie, par P. Delaporte.
1257. Carte d'Asie, par Coronelli.
1258. Carte d'Asie, d'après Coronelli, par Nolin.
1259. Cartes d'Asie, par Homann, Robert de Vaugondy, etc.
1260. Carte d'Asie, par Brué. 1 f.
1261. Carte d'Asie, par Brué. 4 f.
1262. Carte d'Asie, par Gazy (en grec). 4 f. Vienne, 1802.

1263. Cartes et figures pour le voyage de Krusenstern, dans l'est de la Sibérie, etc.
1264. Cartes russes pour le voyage de Saritchev dans l'est de la Russie d'Asie et dans le N.-O. de l'Amérique, avec fig.
1265. Carte allemande du N.-E. de la Sibérie et du N.-O. de l'Amérique, d'après Saritchev.
1266. 6 cartes ou vues des côtes du Kamtchatka, pour les voyages de Krusenstern et de Saritchev.
1267. Carte de la Russie et de la Tartarie boréale, pour le voyage de l'abbé Chappe.
1268. Cartes et figures pour les voyages de Cook sur la côte N.-E. de l'Asie.

1269. Cartes des pays compris entre la mer Noire et la mer Caspienne, par Edwards, Jansen et Perronneau, Lapie.
1270. Carte de la Géorgie et de l'Arménie, par J.-N. Delisle.
1271. Carte de la Géorgie, par Klaproth.
1272. Carte manuscrite de la route des troupes russes pendant les campagnes de 1783.

1273. Cartes de la Turquie d'Asie et de la Perse, par Lapie, Homann, etc.
1274. Carte du théâtre de la guerre en Orient, par Mentelle et Chanlaire.

1275. Carte de l'Asie-Mineure, pour le voyage d'Olivier, par Dezauche fils.

1276. Diverses autres cartes pour le voyage d'Olivier.

1276 *bis.* Carte de la mer Noire et de l'Asie-Mineure, par De la Motraye.

1277. Cartes de l'Asie-Mineure, par Jefferys et plusieurs autres auteurs.

1278. Calque d'une carte turque de l'Anatolie, par Ibrahim D...

1279. Anatolie, par Cantelli da Vignola.

1280. Carte manuscrite d'une partie de l'Asie-Mineure, par Fourcade.

1281. Cartes et plans manuscrits de plusieurs parties de l'Asie-Mineure, par Peyssonel, etc.

1282. Itinéraire du voyage d'Alep à Constantinople, par Corancez, avec cartes manuscrites.

1283. Plans manuscrits du golfe de Smyrne, de la bataille de Tchesmé en 1770, etc.

1284. Diverses cartes et vues relatives à l'histoire de Troie.

1285. Plan de Ténédos, par Bonneval et Dumas.

1286. Embouchure du Méandre, par Gell.

1287. Ile de Sámos, par Lapie.

1288. Cartes de diverses parties de l'île de Léro, pour le voyage d'Olivier.

1289. Carte du gouvernement de Conieh, par Gazy (en grec).

1290. Carte de la Syrie, de la Mésopotomie et de la Perse, pour le voyage d'Olivier.

1291. Cartes de l'île de Chypre, de la Syrie, de l'Irac-Arabi, etc., par Tirion, Jefferys, etc.

1292. Carte de la mer Méditerranée, pour le voyage de M. de Chateaubriand, par Lapie. 1811.

1293. Plans de Jérusalem.

1294. Plans de Seïde et de Sour, pour le voyage d'Olivier.

1295. Plans et cartes manuscr. de l'île de Rhodes et du voisinage, entre autres un plan du Château Rouge, par Spencer Smith.

1296. Calques de cartes de plusieurs parties de l'Asie-Mineure, pour les voyages de Beauchamp, de Corancez, de Pococke, etc.

1297. Carte manuscrite de l'itinéraire de Jos. Beauchamp, en 1789; avec un mémoire manuscrit du même.

1298. Mémoire manuscrit de Beauchamp sur les antiquités de Babylone, avec dessins.

1299. Calque de la carte du pachalic de Bagdad par Raymond; avec notice manuscrite, par le même.

1300. Deux cartes manuscrites inachevées d'une partie du cours de l'Euphrate et du Tigre.

1301. Calque de la carte des bouches du Chat-el-Arab et du fond du golfe Persique, par Dalrymple.

1302. Calque de la carte du cours de l'Euphrate par Rousseau; avec une notice manuscrite, par le même.

1303. Carte de la route de M. Yves, de Bassora à Latichea (Latakieh).

1304. Carte de la route du major Taylor à travers le désert de Syrie.

1305. Carte d'Arabie, pour l'histoire de Mohammed-Aly, par M. Jomard.

1306. Cartes manuscr. et grav. de la mer Rouge et de l'Arabie ou de quelques-unes de ses parties, par Niebuhr, Rousseau, etc.

1307. Carte de la mer Rouge, par l'amiral Rosili. 4 f. an VII.

1308. Cartes de la Perse, par Adrien Reland, Homann, Tirion, Wahl, Reichard, Lapie, De Witt, Ottens, etc.

1309. Ghilan, Chirvan et Daghestan, par Homann.

1310. Deux vues d'Ispahan.

1311. Golfe Persique, par Niebuhr.

1312. Plusieurs cartes manuscrites du golfe Persique.

1313. Carte du golfe Persique, publiée au dépôt de la marine, d'après J. Mac-Cluer.

1314. Carte des côtes de Perse et du Mékran, par Dalrymple.

1315. Calque de la carte des côtes du Mékran et du Sind, d'après la reconnaissance faite par l'amiral Rosili.

1316. Carte des côtes d'Arabie, de Perse et du Sind, publiée au dépôt de la marine.

1317. Cartes de la Tartarie, par Allard et Tirion.

1318. Carte d'une partie de l'Asie à l'est de la mer Caspienne, publiée à Londres par Jean Senex, avec texte en latin et en grec. — La même, publiée en 1743 par A. Zubou.

1319. Route de George Forster, depuis l'Inde jusqu'à Saint-Pétersbourg, en 1783 et 1784.

1320. Carte des pays situés entre les sources du Gange et la mer Caspienne, pour les marches d'Alexandre, de Timour, les routes des ambassadeurs de Castille, en 1404 et 1405, et celle de Forster, en 1783 et 1784.

1321. Carte de la mer Caspienne, par Ottens, d'après les levés ordonnés par Pierre-le-Grand.

1322. Carte de la Caspienne, de l'Atlas du Commerce de Le Clerc.

1323. Carte manuscrite de la mer Caspienne, d'après les observations du capitaine Voïnovitch, en 1782.

1324. Cartes de la Caspienne, par Homann et Carl Van Verden.

1325. Carte de la Caspienne et du pays des Ouzbeks, par Maas.

1326. Atlas de l'empire Chinois, par J. Blaeuw. 16 f.

1327. Empire Chinois, par Isaac Tirion.

1328. Cartes de Chine, par J. Van Loon, Seutter, Bellin, Hasius, Bonne, Nieuhof, etc.

1329. Carte de l'ancienne Chine, telle qu'elle est décrite dans le livre canonique Chu-king, par Brion.

1330. Carte de Chine où sont marqués les endroits des missions et des résidences des Jésuites.

1331. Cartes sur lesquelles sont tracées les routes de l'ambassade anglaise, de Zhé-hol à Pé-king, de Pé-king à Hangtcheou-fou, etc. ; gravées par Tardieu.

1332. Carte de l'entrée de la rivière de Canton, par Bellin.

1333. Plans de quelques points de la côte méridionale de la Chine, par Dalrymple.

1334. Carte de l'île Formose, par J. Van Braam.

1335. Deux cartes manuscrites des îles Formose et Pong-hou, par les P. Jésuites.

1336. Calque d'une carte des îles Lieou-khieou.

1337. Carte de la route de Buxadéouar à Tassisudon, dans le Boutan ; grav. par Tardieu.

1338. Carte sur laquelle on a tracé la route des vaisseaux *le Lion* et *l'Indostan*, depuis l'Angleterre jusqu'au golfe de Pé-king ; gravée par Tardieu.

1339. Carte manuscrite présentant quelques connaissances géographiques des Chinois dans le nord-est de l'Asie et le nord-ouest de l'Amérique.

1340. Carte du Japon divisé en 66 provinces, par Reland.

1341. Cartes du Japon, par Fr. Valentyn, Kæmpfer, J. Tirion, Seutter, Robert.

1342. Carte de la côte nord-est de l'Asie et des îles du Japon, par Vashom.

1343. Cartes du Japon et du Kamtchatka, par Nolin, Homann, G. Buache.

1344. Carte générale du Japon et cartes particulières de plusieurs parties de cet empire, pour les voyages de Krusenstern.

1345. Deux cartes manuscrites hollandaises d'une partie du Japon.

1346. Treize cartes de diverses parties du Japon, par Kæmpfer.

1347. Plan de Nagasaki, par Kæmpfer.

1348. Plan de l'île de Tacasima, par Robinson.

1349. Cartes des Indes, par N. Visscher, De Witt, Scutter, Bonne, H. Moll, J. Danckerts, Tirion, Mentelle, etc.

1350. Carte des Indes orientales et des pays voisins, par J. Van Braam.

1351. Carte de l'Hindoustan, par Allan. 1818.

1352. Carte de l'Hindoustan, par J. Rennell, trad. et grav. par Tardieu.

1353. Carte hydro-topographique de l'Hindoustan, par Le Goux de Flaix.

1354. Carte des Indes, où sont indiqués les établissements des missions de la Société des Baptistes, publ. par les missionnaires à Serampour.

1355. Carte du Kachmyr, par le capitaine Gentil.

1356. Cartes du Bengale et de diverses autres provinces de l'Hindoustan, par De Witt, J. Van Leeven, Plaisted et Ritchie, Fricx, Anquetil du Perron, etc.

1357. Carte générale du cours du Gange, par Anquetil du Perron.

1358. Cartes des parties méridionales de l'Inde, par Homann, Valentyn, Reland, etc.

1359. Carte manuscrite de la partie méridionale de l'Inde, par les Jésuites. 1722.

1360. Carte des parties mérid. de l'Inde, par W. Faden. 2 f.

1361. Théâtre de la guerre dans l'Inde, sur la côte de Coromandel, par M. B. C. T. 1770.

1362. Plan de Madura, par Marchand.

1363. Plans manuscrits de Négapatam, Tritchinapaly, Chalembron, Goudelour, Vardachelam, Vilnour, Ariancupam, Valdour et environs, Chétampétou, Vandavachy (bataille), Alanpruuvé, Arcate, Madras, Tongadourgam ou Thiagar, Kanakol, Bisnagar, Pétapour, Sidambaram, Flanacor, Delvananour, Masulipatam, Chétoupet, Vizagapatam, etc.

1364. Vues du fort Saint-George, à la côte de Coromandel, par A. Dalrymple.

1365. Vue des ruines de S.-Thomé.

1366. Cartes des côtes de Concan, de Kanara, etc., par l'amiral Rosili.

1367. Vues des côtes occidentales de l'Hindoustan, par A. Dalrymple.

1368. Cartes de l'île de Ceylan, par Ottens, Visscher, Tirion, Valentyn, Scutter, etc.

1369. Cartes de la presqu'île au delà du Gange, par Tirion, par Tardieu, d'après Dalrymple, etc.

1370. Fleuve Martaban, par A. Dalrymple.

1371. Cours de l'Iraouaddy, par Th. Wood ; avec plan d'Ummérapoura.

1372. Cours du Meinam, par Kæmpfer.

1573. 3 cartes hollandaises représentant le cours du Meinam et la ville de Juthia.

1374. Royaume de Siam et île de Sumatra, par Ottens. 2 f.

1375. Plan de Quédah, par Dalrymple.

1376. Partie de la mer de Chine, et côtes de la Cochinchine, par l'amiral Rosili. 5 f.

1377. 2 plans manuscrits de Poulo-Pinang.

1378. 7 cartes ou vues des côtes du détroit de Malacca et de la Cochinchine, par Dalrymple, d'après Rennell, Pierce, etc.

1379. Plan manuscr. de l'île Poulo-Condor, par les Jésuites.

AFRIQUE.

1380. Cartes d'Afrique, par Ph. Chetwind, Vander-Aa, Ottens, Valk, Allard, Zürner, etc.

1381. Cartes d'Afrique, par Robert, Janvier, Brion, Brué, Delamarche, Lapie, etc.

1382. Carte d'Afrique, par Brué. 4 f.

1383. Cartes marines des côtes d'Afrique, par Smyth et Beechey.

1384. Carte d'Égypte, par Lapie.

1385. Carte d'une partie de l'Afrique, pour les voyages de Cailliaud, avec l'oasis de Syouah, etc., par M. Jomard.

1386. Plusieurs cartes du Barcah et de l'Égypte, par De Witt, Homann, Bonne, etc.

1387. Carte hydrographique de la Basse-Égypte, d'après les astronomes et les ingénieurs de l'armée d'Orient.

1388. Carte tirée de la précédente et gravée par Blondeau.

1389. Cartes de la Basse-Égypte, pour les voyages de Paul Lucas, d'Olivier, de Denon, etc.

1390. Carte de la Basse-Égypte, par Nouet.

1391. Carte pour la reconnaissance de la vallée des lacs de uatron, par le général Andréossy.

1392. Carte du lac Menzaleh, pour la reconnaissance du général Andréossy, avec l'original manuscrit.

1393. Plans d'Alexandrie et du voisinage, pour les voyages d'Olivier, du général Reynier, etc.

1394. Plans de Suez et du voisinage, par Dalrymple, et pour le voyage de Niebuhr.

1395. Oasis de Syouah, par M. Jomard.

1396. Oasis de Thèbes, par le même.

1397. Désert situé entre le Nil et la mer Rouge, par le même.

1398. Mer Rouge, réduite d'après la carte de l'amiral Rosili pour servir aux mémoires relatifs à la marine par l'amiral Thévenard.

1399. Plans des côtes de la mer Rouge, en Abyssinie, Nubie et Égypte, par Van Keulen.

1400. Anciennes cartes de l'Éthiopie ou de l'empire du Prêtre-Jean, par Vander-Aa et Covens.

1401. Cartes du Darfour, pour les voyages de Browne.

1402. Cartes de la Barbarie, par De Witt, Bonne, T. Lopez (2 f.).

1403. Plusieurs autres cartes de la Barbarie.

1404. Carte pour les voyages de Della Cella, par Lapie.

1405. Plans d'Oran, de Bone, de Bougie, etc., dont plusieurs manuscrits.

1406. Cartes marines d'une partie des côtes de l'empire de Maroc, par Van Keulen.

1407. Plusieurs cartes d'une partie des côtes du Maroc.

1408. Plans de Ceuta, de Tanger et de Salé (dont plusieurs manuscrits).

1409. Carte pour le voyage de Saugnier au Sénégal, par Laborde.

1410. Partie occidentale de l'Afrique, par De Fer.

1411. Carte d'une partie de l'ouest de l'Afrique, dressée d'après la description d'Edrisi.

1412. Cartes de l'empire de Maroc et du voisinage, pour les recherches de Chénier.

1413. Cartes marines manuscrites des côtes de la Sénégambie, dressées en 1739.

1414. Cartes des mêmes côtes, par Van Keulen.

1415. Carte du cours du Sénégal, par J.-B. Poirson, avec plans de Saint-Louis, de Gorée, etc. 8 f.

1416. Carte du pays de Wallo. 1824.

1417. Cours du Falémé et du Sanaga (Sénégal), par Compagnon.

1418. Plan de l'île de Gorée, par Bailleul.

1419. Carte de la Guinée, par De Witt.

1420. Carte de la Guinée, publiée par le dépôt de la marine.

1421. Carte hollandaise de la côte de Guinée, depuis le cap Apollonia jusqu'au fleuve Volta.

1422. Carte manuscrite hollandaise de la côte voisine du Cap-Corse.

1423. Plans manuscrits hollandais et vues de plusieurs forts de la côte de Guinée (forts Saint-Anthony, Hollandia, Dorothea, Batenstein, Orange, Saint-George-de-la-Mine, Nassau, Amsterdam, etc.)

1424. Cartes du cap de Bonne-Espérance, par Sparman, Valentyn, etc.

1425. Carte de la partie méridionale de l'Afrique, pour les voyages de Levaillant.

1426. Deux cartes marines de la côte de l'Afrique mérid., par Van Keulen.

1427. Carte d'Afrique australe, gravée par Tardieu, pour le voyage de Barrow.

1428. Cartes et vues pour les voyages de Cook en Afrique.

1429. Calque de la carte du Cap du Bonne-Espérance, pour le voyage de La Caille.

1430. Plan de la baie de la Table, au Cap de Bonne-Espérance, par Dalrymple.

1431. Plan de la ville du Cap de Bonne-Espérance, par M. B. C. T. 1770.

1432. Plan de la ville du Cap de Bonne-Espérance, par De Fer.

1433. Plan de la baie Simon, au Cap de Bonne-Espérance, par Dalrymple.

1434. Carte de la côte orientale de l'Afrique, publiée par ordre du comte de Maurepas.

1435. Plan de Brava, sur la côte orientale de l'Afrique, par Dalrymple.

1436. Plan des îles Quérimbo, par Dalrymple.

1437. Plans manuscrits de la rade et de la ville de Funchal, dans l'île de Madère.

1438. Carte des îles Açores (Vlaemse Eylanden), par Van Keulen.

1439. Carte des îles Canaries, par Van Keulen.

— *Id.*, par T. Lopez. 2 f.

1440. Iles de Lancerote et de Fer, par T. Lopez.

1441. Carte physique de l'île de Palma, par Léop. de Buch.

1442. Iles de Palma et de Gomera, par T. Lopez.

1443. Iles du Cap-Vert (Zoute Eylanden), par Van Keulen.

1444. Plan de la baie de l'île de Saint-Vincent (archipel du Cap-Vert).

1445. Vue du port de Praya, dans l'île Sant-Yago , pour le voyage de Barrow.

1446. Plans de divers points des îles Sainte-Hélène, de l'Ascension, de Sant-Yago, par M. B. C. T.

1447. Ile Sainte-Hélène, par Dien.

1448. Vue de la ville de Saint-James (Jamestown), dans l'île Sainte-Hélène, pour le voyage de Krusenstern.

1449. Carte de l'île de l'Ascension, par Dalrymple.

1450. Iles Tristan da Cunha, par Dalrymple.

1451. Carte des îles de Madagascar, de France, etc., par Lapie.

— *Id.*, par N. Bellin.

1452. Madagascar, par Van Keulen.

1453. Carte d'une partie de l'île de Madagascar, pour l'intelligence des marées. (Mémoire de l'Académie des Sciences, 1773.)

1454. Vues d'une partie des côtes de Madagascar, par Dalrymple.

1455. Plan du port Sainte-Marie sur la côte orientale de Madagascar, par Dalrymple.

1456. Ile de France, par l'abbé de La Caille.

1457. Très-ancienne carte de l'île Bourbon.

1458. Très-ancienne carte de l'île Rodrigue.

1459. Plan du barre des Seychelles, par Dalrymple.

1460. Ile de Socotora, par Van Keulen.

1461. Vues des îles de Saint-Paul et d'Amsterdam.

1462. Plan des îles Birds, etc., par Dalrymple.

1463. Carte de l'île de Kerguelen, d'après la découverte du comte de Kerguelen.

AMÉRIQUE.

1464. Carte réduite de l'Amérique du Nord et de l'Amérique du Sud, avec les océans Atlantique et Pacifique, et les côtes les plus voisines de l'Europe, de l'Afrique et de l'Asie, par Th. Jefferys. 6 f. 1753.

1465. Très-ancienne carte espagnole de l'Amérique, intitulée *Yndias occidentales.*

1466. Cartes de l'Amérique, par Ph. Chetwind, Vander-Aa, Allard, De Witt, Valk, Schenk, Homann, Janvier, Brion, C.-F. Delamarche, Tom. Lopez, H. Moll (2 f.), etc.

1467. Carte des deux Amériques, par Brué.

1468. Cartes de l'Amérique septentrionale, par Hennepin (1698), Bellin, Janvier, H. Moll (2 f.), J.-B. Poirson, Hérisson, Brué (1 f. et 4 f.).

1469. Carte des États-Unis, par Lattré, dédiée à Benj. Franklin. 1784.

1470. Carte des Etats-Unis, copiée sur celle d'Arrowsmith, par Tardieu. 5 f.

1471. États-Unis, par Lapie, gr. par Tardieu et par Blondeau.

1472. Côtes de l'Amérique septentr., par Van Keulen.

1473. Anciennes cartes de la côte orientale de l'Amérique septentrionale, par Moll, Homann, Le Rouge, etc.

1474. Carte de la Nouvelle-Belgique et plan de la Nouvelle-Amsterdam, par Ottens.

1475. Cartes de diverses parties des anciennes possessions anglaises de l'Amérique (Virginie, Pensylvanie, etc.), par Homann, Hutchins, etc.

1476. Lac Champlain, par Brassier.

1477. Plan de la bataille de Brandywine en 1777, par Faden.

1478. Plan de la bataille de Monmouth en 1778.

1479. Carte très-ancienne d'une partie du cours du Mississipi et du Missouri, par les premiers voyageurs français.

1480. Carte manuscrite du fleuve Saint-Louis (Mississipi).

1481. Cartes de la Louisiane et des pays voisins, par le P. Hennepin (1683), De Fer, etc.

1482. Plan manuscrit de la Nouvelle-Orléans, telle qu'elle était en 1729.

1483. Cartes du Canada et des pays voisins, par Robert de Vaugondy, Van Keulen, etc.

1484. Carte du Canada, par Lahontan.

1485. Calques de la carte présentée au congrès en 1785, par P. Pond (contenant les lacs Supérieur et Ouinipeg); avec des remarques manuscrites.

1486. Cartes manuscrites d'une partie de la rivière Chambly.

1487. Trois plans manuscrits de Montréal.

1488. Cartes manuscr. et grav. du cours du Saint-Laurent.

1489. Cartes des lacs du Canada, par Bellin.

1490. Plan manuscrit de l'embouchure du Niagara dans le lac Ontario.

1491. Trois plans manuscrits de Québec. — Un autre, gravé.

1492. Plans de Louisbourg, dans l'île Royale.

1493. Plan d'Annapolis et d'autres lieux de la Nouvelle-Écosse, par N. Bellin.

1494. Cartes de l'île de Terre-Neuve et de l'île Saint-Pierre, par N. Bellin, etc.

1495. Carte des côtes méridionales de Terre-Neuve, comparée avec la carte de Popple, par P. Buache.

1496. Trois cartes pour les découvertes de Mackenzie en 1789, 1793 et 1798.

1497. Carte de la côte N.-O. de l'Amérique, reconnue par le capitaine Vancouver.

1498. Carte de la côte N.-E. de la mer du Sud, par Laborde, pour la comparaison des voyages de Cook, La Pérouse, Dixon et Mear.

1499. Carte pour le passage du Nord-Ouest, par H. Ellis.

1500. Carte des régions les plus boréales de l'Amérique, par Vander-Aa.

1501. Côte N.-O. de l'Amérique, avec portraits de naturels, etc., pour les voyages de Cook.

1502. Cartes des régions septentrionales de l'Amérique, pour la comparaison de d'Anville, de Buache, etc.

1503. Découvertes dans le nord de l'Amérique, par Maldonado, Fontes, etc.; par Philippe Buache.

1504. Cartes russes pour le voyage de Saritchev dans le N.-O. de l'Amérique; avec vues de côtes, portraits de naturels, etc.

1505. Calque d'une carte de la Nouvelle-Espagne faite en 1595.

1506. 5 cartes espagnoles très-anciennes des audiences des Indes du Nord (Nouvelle-Espagne, Española, etc.).

1507. Carte de la Nouvelle-Espagne, faite en 1579, avec description en français.

1508. Carte de la Louisiane et du Mexique. par P. Tardieu. 2 f.

1509. Mexique, par Antonio de Alzate y Ramirez. 1768.

1510. Cartes du Mexique, de la Louisiane et de la Floride, par Homann, H. Moll, De Fer, Jansson, etc.

1511. Calque d'une carte très-ancienne d'une partie du Mexique, voisine de Tampico, et appelée *royaume de Guastecan*.

1512. Tableau physique de la pente orientale du plateau de la Nouvelle-Espagne, par A. de Humboldt.

1513. Plans de Mexico et des environs; entre autres, plan tiré du voyage autour du monde de Gemelli Carreri.

1514. Plans de la Vera-Cruz.

1515. Nouveau-Mexique, par Tillemont.

1516. Côtes du Mexique, par Van Keulen.

1517. Carte manuscr. de la partie occid. du Mexique.

1518. Carte du lac Nicaragua, où l'on a marqué les deux passages proposés pour faire communiquer les deux océans. 1791.

1519. Cartes de l'Amérique méridionale, par H. Moll (2 f.), Brué (4 f. et 1 f.), Lapie (2 f.), Janvier, etc.

1520. Guyane, par N. Buache.

1521. Carte de la Guyane française et plan de Cayenne, par Beteow.

1522. Cartes du Surinam, par Ottens et H. de Leth (2 f.).

1523. Colonie de Berbice, par H. de Leth.

1524. Carte itinéraire du cours de l'Orénoque, du Cassiquiare et du Rio Negro, par A. de Humboldt.

1525. Plans manuscrits et gravés de Sainte-Marthe, de Carthagène, de Panama, de Porto-Belo, par Chaufourier.

1526. Côte occidentale de l'Amérique méridionale, par Fuente. 1748.

1527. Cartes manuscrites de la méridienne de Quito et des côtes du Pérou aux environs de l'équateur, déterminées astronomiquement et géométriquement par La Condamine.

1528. Plan manuscrit de la ville de Quito, levé en 1736.

1529. Plans manuscrits et gravés des ports et des villes de La Conception, de Valdivia, de La Serena, au Chili.

1530. Carte du Brésil, par Clément de Jonghes. 9 f. 1664.

1531. Cartes du Brésil, par J. Blaeuw et De Witt.

1532. Vues de plusieurs parties des côtes du Brésil, par Dalrymple.

1533. Plan de la baie et du port de Rio de Janeiro.

1534. Vues et plans gravés et manuscrits des ports et villes de Rio de Janeiro et de San-Salvador, et de l'ile Sainte-Catherine, tirés des voyages de Krusenstern, de Barrow, etc.

1535. Ile de Fernando Noronha, par Dalrymple.

1536. Carte du Rio de la Plata, par Dezauche.

1537. Carte manuscrite portugaise du cours du Parana, de l'Uruguay et du Rio de la Plata.

1538. Patagonie, par De Witt.

1539. Carte des détroits de Magellan et de Le Maire, par P. C. P. C. F., pour servir aux recherches sur les terres de Drake.

1540. Cartes des détroits de Magellan et de Le Maire, par Laborde et Robert de Vaugondy.

1541. Cartes très-anciennes des audiences espagnoles de l'Amérique méridionale.

1542. Anciennes cartes des divers pays de l'Amérique mérid., par Hondius et G. Blaeuw.

1543. Cartes des côtes de l'Amérique méridionale, par Van Keulen.

1544. Cartes pour les voyages de Cook dans l'Amérique mérid.

1545. Iles Antilles et golfe du Mexique, par Bonne.

1546. Indes occidentales et golfe du Mexique, par Lapie.

1547. Cartes des Antilles, par De Fer, Robert, etc.

1548. Cartes du golfe du Mexique, par Rizzi-Zannoni, Moll, etc.

1549. Archipélague du Mexique, par Coronelli et Tillemont.

1550. Iles Caraïbes, par Ottens.

1551. Carte manuscrite de l'ile de Grenade.

1552. Ile de Curaçao, par Van Keulen.

1553. Plans gravés et manuscrits de Fort-Royal, de Saint-Pierre, etc., par Romain, etc.

1554. Plans de plusieurs ports des Antilles, levés en 1784 et 1785, dans la campagne du *Vautour*.

1555. Cartes des iles de Sainte-Croix, Saint-Thomas, Saint-Christophe, Antigoa, la Guadeloupe, la Dominique, Marie-Galante, la Martinique, la Barbade, Tabago, et des Bermudes, par Van Keulen, P. Buache, Willdey, etc.

1556. Ile Saint-Domingue, par Lapie.

1557. Ile Saint-Domingue, par Chastenet-Puységur.

1558. Autre carte sur une plus grande échelle, par le même. (Manuscrite.)

1559. Plusieurs autres cartes manuscrites de l'île d'Haïti.

1560. Cartes manusc. des environs de Léogane, du fond de l'île à Vache, de la baie d'Aquin, du port et du fort Saint-Louis.

1561. Plans du môle Saint-Nicolas, et divers autres plans manuscrits ou gravés de plusieurs ports de l'île d'Haïti.

1562. Cartes de la Jamaïque, par P. Buache, P. Lea, etc.

1563. Plusieurs plans de La Havane, dont deux manuscrits.

1564. Plan manuscrit du port de Santiago de Cuba.

OCÉANIE.

1565. Océanie, par Brué. 1 f. — *Id.*, par le même. 4 f.

1566. Carte d'une partie de la mer du Sud, pour les découvertes de Byron, de Wallis, de Cook, dessinée sous la direction de Bénard.

1567. Deux anciennes cartes hollandaises du voyage de J. Le Maire, en 1616.

1568. Descripcion de las Indias de Poniente. (Ancienne carte espagnole.)

1569. Carte d'une partie de la mer du Sud, par Laborde.

1570. Diverses parties du Grand-Océan, par Robert de Vaugondy.

1371. Cartes pour les voyages de Cook.

1572. Cartes des îles de la Sonde, etc., par Bellin, Tirion, Laborde.

1573. Cartes de l'île de Sumatra, par Bellin, Van Braam, etc.

1574. Cartes des îles Banda, par Fr. Valentyn, Schenk, Valk, Van Braam.

1575. Plan du havre de Poulo-Pisang, sur la côte O. de Sumatra, par Dalrymple.

1576. Cartes de Java, par Van Keulen (2 f.) et Fr. Valentyn (3 f. 1/2.)

1577. Diverses parties des côtes de Java, par Dalrymple.

1578. Plan de Batavia et plusieurs vues et paysages de l'île de Java, tirés des voyages de Barrow, etc.

1579. Plan d'une partie du détroit de Bally, par Dalrymple.

1580. Iles de Bally, de Timor et de Flores, par Van Braam.

1581. Trois cartes de diverses parties des côtes de Bornéo, par Dalrymple.

1582. Ile de Bornéo, par Van Braam.

1583. Cartes hollandaises des Moluques, de l'île Sangir, etc.

1584. Iles Moluques, par Schenk et Valk.

1585. Plusieurs parties des Moluques, par Dalrymple, etc.

1586. Cartes et figures pour les voyages de Cook dans les Moluques.

1587. Iles Philippines, par Fern. Valdes Tamo, publ. à Manille en 1734. 4 f.; avec plan de Manille, figures représentant les indigènes, etc.

1588. Carte des Philippines, des Moluques, etc., par Tirion.

1589. Cartes hollandaises des iles de Bouro, Amboine, Oma, Honimoa, etc.

1590. Plan de la baie de Manille, dressé au dépôt de la Marine en l'an VII.

1591. Plusieurs autres plans de la baie de Manille.

1592. Carte manuscrite de l'île Bachie (au N. de Luçon).

1593. Carte de l'Australasie, par Robert de Vaugondy.

1594. Carte de la Nouvelle-Hollande, etc., pour le voyage de d'Entrecasteaux.

1595. Diverses cartes (dont plusieurs manuscrites) des côtes de la Nouvelle-Hollande.

1596. Calques de cartes de N. Vallart (XVIe siècle), représentant le pays appelé depuis Nouvelle-Hollande.

1597. Carte d'une partie de la Nouvelle-Hollande et de l'île des Arsacides, par Laborde.

1598. Calques des cartes de la côte occid. de la Nouvelle-Hollande par Dalrymple.

1598 bis. Cartes de la Nouvelle-Galles mérid. et de la Terre de Diemen, pour les voyages de Cook, avec portraits d'indigènes et figures d'animaux.

1599. Terre des Papous, par Robert de Vaugondy.

1600. Diverses cartes (dont plusieurs manuscrites) de la Nouvelle-Guinée et des iles voisines, pour les voyages de Cook, de Surville, de Forest, de Dampier, de Carteret.

1601. Cartes de la terre de Diemen et du voisinage, par Flinders.

1602. Ile Hunter, par Freycinet.

1603. Cartes des Nouvelles-Hébrides et des iles de la Reine Charlotte, pour les voyages de Cook, avec portraits de naturels, figures d'armes, etc.

1604. Iles Carolines, par Robert de Vaugondy.

1605. Plusieurs autres cartes et vues des iles Carolines, des Larrons, etc.

1606. Polynésie australe, par Robert de Vaugondy.

1607. Carte de la Nouvelle-Zélande, et vues de cette terre, portraits des naturels, etc., pour les voyages de Cook.

1608. Carte d'une partie de la mer du Sud, de la Nouvelle-Zélande, de Taïti, etc., par Laborde.

1609. Cartes russes des îles Marquises, et vues de diverses parties de ces îles, avec portraits de naturels, etc., pour les voyages de Krusenstern.

1610. Cartes des îles de la Société, des îles Marquises, des îles des Amis, des îles Harvey, des îles Sandwich, etc., avec vues et figures représentant des naturels, des danses, etc., pour les voyages de Cook.

GÉOGRAPHIE ANCIENNE ET SACRÉE.

1611. Monde ancien, d'après Tacite, par Robert de Vaugondy.

1612. Cartes du monde connu des anciens, par Bertius, Jansson, Mortier, Robert de Vaugondy, C.-F. Delamarche, etc.

1613. Table Théodosienne, dite de Peutinger, écrite par Beaublé. — La même, par Bergier. 4 f.

1614. Petit atlas de géographie ancienne, composé de 20 planches, dressé et gravé par P. Tardieu.

1615. Très-anciens atlas de l'Europe, de l'Asie et de l'Afrique anciennes, dont les titres des feuilles portent l'indication des parallèles et des méridiens entre lesquels les pays sont situés.

1616. Cartes de l'Europe ancienne, par Ab. Ortelius, N. Blancard, Mortier.

1617. Asie ancienne, par C.-F. Delamarche.

1618. Asie d'après Tacite, par Robert de Vaugondy.

1619. Asie ancienne, par Mortier.

1620. Cartes de l'Afrique ancienne, par Mortier, Blancard, C.-F. Delamarche.

1621. Cartes de l'empire des Perses, par Homann, Robert, etc.

1622. Cartes de l'empire Romain, par Ab. Ortelius, Mortier, Robert, etc.

1623. Cartes d'une partie de l'ancien monde, pour les histoires de Justin, de Josèphe, de Rollin, etc., par Ottens, Robert, etc.

1624. Cartes pour les expéditions d'Alcibiade, de Xénophon, d'Agésilas, par Mortier, Liébaux, etc.

1625. Cartes des expéditions d'Alexandre, de Pyrrhus, de Démétrius Poliorcètes, par Mortier, Poirson, etc.

1626. Cartes des expéditions d'Alexandre, pour la traduction d'Arrien par Chaussard, dressée par Poirson. An X.

1627. Cartes des expéditions d'Annibal, par Mortier, etc.

1628. Cartes de quelques itinéraires des anciens, par Robert de Vaugondy.

1629. Périple de la mer Erythrée, d'après Arrien, par Ortelius.

1630. Carte de la navigation d'Hannon, par Robert de Vaugondy.

1631. Cartes des contrées mentionnées dans la Bible, par Ab. Ortelius, Jansson, Danckerts, Mortier, etc.

1632. Carte des lieux mentionnés dans l'histoire ecclésiastique d'Eusèbe.

1633. Cartes pour la géographie sacrée, par Moullart-Sanson.

1634. Pays de Canaan, par Dufour, avec une analyse géogr.

1635. Terre Sainte, par Nolin, avec cartouches.

1636. Pays de Canaan, voyages des Hébreux et plans de Jérusalem, par Mortier, Guido-Michaël Le Lay, Jansson, Ottens, Danckerts, Halma, Nolin, Liébaux, Seutter, Bonne, l'abbé de La Grive, Robert, Hasius, etc.

1637. Carte très-ancienne de la Terre Sainte, par Bonfrère, de la société de Jésus.

1638. Palestine, par Ad. Reland.

1639. Partie septentr. de la Judée. par Robert.

1640. Plan de Jérusalem, réduit d'après celui de d'Anville, avec l'original manuscrit.

1641. Itinéraires de Jésus-Christ et des apôtres, par Mortier, le P. de Ligny, Ab. Ortelius, Robert, Bonne, etc.

1642. Géographie synodique. c'est-à-dire des conciles.

1643. Cartes des anciens patriarchats de Jérusalem, de Rome, de Constantinople, d'Alexandrie, d'Antioche, etc., par Mortier et Halma.

1644. Cartes des anciens évêchés de l'Afrique, de l'Illyrie orientale, de l'Italie, de l'Illyrie occidentale, de l'Espagne, de la Gaule, des îles Britanniques, par Mortier et Halma.

1645. Carte de l'ancienne Thébaïde, habitée par les Saints Pères des déserts, dressée par les religieux de la Trappe.

1646. Carte de l'établissement de l'ordre de Saint-Augustin en Afrique.

1647. Cartes de la Grèce du temps de la guerre de Troie, et voyages d'Ulysse, de Télémaque et d'Énée, par Ab. Ortelius, Boache, Lapie, etc.

1648. Cartes manuscrites de Fréret, pour ses mémoires sur les habitants de la Grèce.

1649. Plusieurs cartes très-anciennes de la Grèce, par Laurenberg, Sophiani, etc.

1650. Carte pour l'intelligence de Démosthène, par N. Buache.

1651. Cartes de la Grèce, par C.-F. Delamarche, Kitchin, etc.

1652. 31 calques représentant l'Attique ou les pays voisins.

1653. Topographie de la bataille de Platée, par Spencer Stanhope. Londres, 1817. 5 planches contenant des plans, vues, etc., dessinés par Allasson.

1654. Plans de la plaine et de la ville de Platée, dessin, par Allasson.

1655. Plans des ruines de Phylé, d'Éleuthera et d'OEnoe, par le même.

1656. Plans d'Éleusis, de Platée, de Delphes et du voisinage (en partie tirés de l'ouvrage de Stanhope).

1657 Cartes manuscrites du défilé des Thermopyles.

1658. Plan manuscrit de Némée.

1659. Plans de Sicyone, de Tirynthe et de Mycènes.

1660. Plans de la plaine de Sparte, par Leroy.

1661. Carte manuscrite de la plaine de Sparte et d'Amyclée.

1662. Plan des ruines de Sparte.

1663. Plan manuscrit et gravé des ruines du temple de Cérès à Éleusis, par Foncherot.

1664. Plans d'Élis, de Patras, d'Olympie et du voisinage, dessinés par Allasson.

1665. Plan manuscrit d'Olympie.

1666. Plans d'Olympie et de quelques ruines voisines, par Gell.

1667. Plans de Mégalopolis, de Messène et du voisinage.

1668. Description de Mégalopolis, Tanagra, etc., par Spencer Stanhope; dédiée à la société de géographie de Paris. 1831.

1669. Cartes des Cyclades et de l'île de Crète, par Laurenberg et Ortelius.

1670. Deux petites cartes manuscrites des côtes de Thrace et de Macédoine.

1671. Carte de Macédoine, par Cantelli da Vignola.

1672. Cartes de la Macédoine, de l'Épire et de la Thessalie, par Laurenberg, Mortier, etc.

1673. Plans de la bataille d'Actium, des environs de Philippes, et de l'isthme du mont Athos.

1674. Cartes de Thrace, par Ab. Ortelius, Mortier, Truguet, etc.

1675. Cartes des anciens pays auxquels correspond l'empire turc, par Haremberg.

1676. Illyrie occidentale, par Mortier.

1677. Pannonie et Illyrie, par Ab. Ortelius.

1678. Cartes de l'Italie, par Cluverius, Mortier, Robert, C.-F. Delamarche, Lapie.

1679. Italie d'après Ptolémée, par Magini.

1680. Italie d'après Tacite, par Robert de Vaugondy.

1681. Gaule circumpadane, Ombrie, Picenum et autres divisions de l'Italie ancienne, par Cluverius.

1682. Gaule cisalpine, par Mortier, Ab. Ortelius, etc.

1683. Campanie, par C. Pellegrino.

1684. Cartes de la Toscane (Etrurie), par Ortelius et Mortier.

1685. Cartes du Latium, par Mortier, etc.

1686. Plan manuscrit du territoire de Horta.

1687. Cartes manuscrites de la voie Appienne, de Terracine à Bénévent, et de Bénévent à Brindes.

1688. Plan de Nola.

1689. Plan de la bataille de Régille.

1690. Plan du passage de l'armée romaine par les Fourches Caudines.

1691. Cartes de la Grande-Grèce, par Jansson et Mortier.

1692. Carte manuscrite et grav. de la partie mérid. de l'Italie ancienne, par Peregni.

1693. Carte de l'Italie méridionale, par Laborde.

1694. Plans des batailles d'Héraclée et d'Asculum, entre les Romains et Pyrrhus.

1695. Cartes de la Sicile, par Jansson, Mortier et Robert.

1696. Plan de Syracuse, gravé par Lebas.

1697. Cartes de la Corse et de la Sardaigne, par Ab. Ortelius et Cluverius.

1698. Corse, par M. Walckenaer.

1699. Espagne ancienne, par Reichard ; avec tableaux.

1700. Cartes de l'Espagne ancienne, par Jansson, Mortier, Juan Lopez, C.-F. Delamarche, Petit-Radel.

1701. Bétique et Lusitanie, par J. Lopez.

1702. Ancienne Galice, par Brigantino. — Id., par Cornide.

1703. Cartes de la Gaule, par C.-F. Delamarche et Lapie.

1704. Descriptions des Gaules, d'après D. Bouquet et Lebœuf, par Robert.

1705. Cartes de Gaule pour les Commentaires de César, par Jansson et Mortier.

1706. Belgique ancienne, par Mortier. — *Id.*, par Alting.

1707. Pays des anciens Vénètes et partie de Belle-Ile où l'on pense que l'armée de César s'est réfugiée, par La Sauvagère.

1708. 7 cartes pour la géographie ancienne du pays des Santons, par La Sauvagère.

1709. Alpes Cottiennes et Alpes Pennines, par Cluverius.

1710. Plan manuscrit des fouilles du mont Séleucus et de ses environs, levé par ordre de M. Ladoucette.

1711. Carte pour la voie romaine entre Avallon et Auxerre, par Pasumot.

1712. Plan de la montagne de Gergovia et des environs, extrait des plans du comte de Caylus.

1713. Plusieurs cartes pour les antiquités du départ. du Lot.

1714. 2 plans du Puy-d'Issolus (Uxellodunum), avec un mémoire manuscrit.

1715. Plan d'Agendicum (ancien Provins).

1716. Cours de la Loire et de la Vienne au Ve siècle, et cours actuel de la Loire entre Tours et Angers, par M. Walckenaer.

1717. Carte pour le mémoire sur les Gabali, par M. Walckenaer.

1718. Plan de l'ancienne Narbonne, gravé par Tardieu.

1719. Cartes des îles Britanniques anciennes, par Ab. Ortelius, Mortier, Robert de Vaugondy, C.-F. Delamarche, etc.

1720. Iles Britanniques anciennes, par G. Blaeuw, avec description par Robert Gordon.

1721. Carte des îles Britanniques pour l'itinéraire d'Antonin, par W. Stuckeley.

1722. Iles Britanniques anciennes, par M. Walckenaer.

1723. Ancienne Écosse, par Gordon de Straloch.

1724. Germanie, par Robert, Ab. Ortelius, Mortier, Alting, Robert de Vaugondy, C.-F. Delamarche.

1725. Germanie, ou ancienne Confédération du Nord contre l'empire Romain, par Dufour. 1820.

1726. Rhétie, par Cluverius.

1727. Partie de la Pannonie et de la Sarmatie, pour servir à l'histoire de Marc-Aurèle, par Dufour. 1821.

1728. Scandinavie, Sarmatie et pays voisins, par Mortier, etc.

1729. Cartes de l'Asie-Mineure, par C.-F. Delamarche, J. Cantel, Blancard, Robert de Vaugondy, Ph. De La Rue.

1730. Roy. de Priam, Arménie, Assyrie, etc., par Ph. De La Rue.

1731. Royaume de Troie et autres parties de l'Asie Mineure, par Mortier.

1732. Cilicie et partie orient. du Pont, par Moullart-Sanson.

1733. Assyrie, Mésopotamie, Basse-Égypte, etc., par Homann.

1734. Cartes de l'île de Cypre, par Jansson, Mortier, Moullart-Sanson.

1735. Inde ancienne, par Mortier.

1736. Cartes d'Égypte et du Delta, sur lesquelles sont tracés les itinéraires anciens, par M. Walckenaer.

1737. Égypte ancienne, par Liébaux.

1738. Égypte ancienne et moderne, par Selves.

1739. Plans d'Alexandrie ancienne, moderne et du temps des Arabes.

1740. Carte pour les mémoires de Gibert sur le lac Mœris, par Robert de Vaugondy.

1741. Afrique propre et Numidie, par Liébaux.

1742. Carte pour la guerre Africaine de Jules-César.

1743. Afrique, Numidie et Mauritanie, par C.-F. Delamarche.

1744. Plan de Carthage et des environs, par Aldring.

1745. Plan de la bataille de Thapse gagnée par Jules-César.

1746. Voie romaine sur la côte occidentale de l'Afrique, par M. Walckenaer.

GÉOGRAPHIE DU MOYEN AGE.

1747. Carte de l'empire Grec sous Justinien, pour l'histoire universelle du comte de Ségur, par Isambert.

1748. Plan de Constantinople pour l'histoire universelle du comte de Ségur, par Isambert.

1749. Etat de la France sous les rois de la 1re race, tiré des observations de Dom Bouquet et de Lebœuf, par Robert. 1740.

1750. Empire des Francs, par Homann.

1751. Empire de Charlemagne, par P. Bertius et Jansson.

1752. Cartes de la Belgique ancienne jusqu'au temps de Charlemagne, par Ab. Ortelius et Wich.

1753. Plan du canal de Charlemagne, pour la jonction du Danube au Rhin.

1754. Cartes manuscrites de la France, représentant les états des grands vassaux, avec les noms anciens.

1755. Carte manuscr. des divisions de la France, des fiefs, etc., sous le règne de Louis XI, avec tableaux historiques.

1756. Sept plans historiques de Paris, par De Fer.

1757. Six plans de Paris pour les époques des Romains, des Francs, de Louis-le-Jeune, de Philippe-Auguste, par L. C. D. L. M. 1705.

1758. Bretagne du temps de l'Heptarchie anglo-saxonne (avec encadrements ornés de dessins historiques).

1759. Deux cartes historiques du cercle de la Haute-Saxe, par Homann.

1760. Carte générale de la monarchie des Goths, par Robert.

1761. Carte d'Asie, pour l'histoire de Djenghiz-Khan et pour celle de Russie et de Perse.

1762. Antioche et ses environs au temps des Croisades.

1763. Extrait d'une carte faite à Venise en 1367, par Picigano.

1764. Extrait d'une carte faite à Venise en 1436, par A. Bianco.

1765. Partie du globe terrestre connue en 1492, par Martin Behaim, publiée par Ch. Murr en 1778.

1766. Plan de Constantinople avant 1453.

1767. Carte catalane de la Méditerranée, présentant une grande partie de l'Europe, le nord de l'Afrique et l'ouest de l'Asie.

> Cette carte, extrêmement curieuse, est sur parchemin, et offre des enluminures, des drapeaux, etc. La date en est effacée, mais elle paraît appartenir au XVe siècle ou aux premières années du XVIe.

CARTES GÉOLOGIQUES ET MINÉRALOGIQUES.

1768. Carte minéralogique d'une partie de l'Europe, dressée sur un mémoire de Guettard, par Ph. Buache.

1769. Essai d'une carte géologique de la France, des Pays-Bas et des contrées voisines, par D'Omalius d'Halloy et Coquebert de Montbret; avec la brochure.

1770. Carte des pays qu'occupe maintenant la Méditerranée, depuis l'époque de la formation du détroit de Gibraltar, par Laborde.

1771. Plusieurs coupes manuscrites des Alpes et des Pyrénées.

1772. Carte minéralogique de la France, par Dupain-Triel.

1773. Carte minéralogique de la France et de l'Angleterre, par Ph. Buache. 1746.

1774. Carte topographique et minéralogique d'une partie de l'Auvergne, pour la marche et les limites des matières fondues par les volcans, levée par Pasumot et Dailley, pour les Recherches de Desmarest. 7 f.

1775. Carte manuscrite de la partie de l'Auvergne depuis le mont Dor jusqu'à Volvic, par les mêmes.

1776. Cratère de la montagne de la Coupe, près d'Antraigues (Ardèche).

1777. Coupe d'une partie intérieure du cratère de Montbru, près de Montélimart.

1778. Cartes géographiques et minéralogiques de la route de Brest à Paris, de Paris à Tobolsk, etc., par l'abbé Chappe; avec frontispice, et 10 f. de coupes de terrain.

1779. Carte géographique, minéralogique et profil des montagnes des Vosges, par l'abbé Chappe.

1780. Carte géognostique de la Suisse, par Schœdinger.

1781. Carte géognostique des Alpes, par Schœdinger.

1782. Carte du royaume de Westphalie, pour les mines, etc., par H. de Villefosse.

1783. Plusieurs coupes des hauteurs du Mexique, spécialement pour le voyage de M. de Humboldt.

1784. Carte du pays d'Utopie, par Homann.

Tableaux historiques, Archéologie, Blason, Architecture, Numismatique, Mécanique, Vues, Paysages, etc.

1785. Arbre de vie de l'Église de J.-C. (Tableau chronologique des martyrs, des Pères de l'Église, des conciles, etc.)

1786. Figures manuscrites représentant la position des tribus d'Israël autour du Tabernacle.

1787. Mappemonde historique, par Barbeau de la Bruyère.

1788. Explication de la mappemonde historique de Barbeau de la Bruyère.

1789. Tables historiques et chronologiques, par S. Delisle.

1790. Tableau chronologique et généalogique de la maison royale de France, par Clabault. 8 f.

1791. Tableau généalogique de la maison royale de France depuis Charles V.

1792. Arbre généalogique de la maison d'Avrange. (Tableau manuscrit.)

1793. Tableau de l'histoire de France, par Hocquart.

1794. Tableau des changements politiques survenus en Europe depuis 1789 jusqu'en 1808, par Frizac.

1795. Figures manuscrites et grav. d'un grand nombre d'armoiries de maisons françaises et étrangères.

1796. Histoire de la géographie artificielle de la France, par P. Graulhié.

1797. 81 pièces dessinées ou gravées, relatives à l'église Notre-Dame de Paris.

1798. Vue d'un ancien tombeau appelé le Grand-Mont, dans la presqu'île de Rhuys, pour l'ouvrage de M. de Penhouet.

1799. Vue des champs de Carnac.

1800. Figures pour le mémoire sur les ruines de Heuqueville.

1801. Atlas des mémoires de la Société des antiquaires de Normandie. 1825.

1802. Plan des hôtels de la guerre, de la marine et des affaires étrangères projetés à Versailles. 8 f.

1803. Amphith. de Vérone et théâtre olympique de Vicence.

1804. Figure représentant le camp de Galba, dans le Valais.

1805. Dessins d'anciens monuments de Marseille et d'Antibes.

1806. Dessins des bas-reliefs du maître-autel de la Major à Marseille.

1807. Ponts et temples d'Alcantara, gravés par Rousseau, d'après Moulinier.

1808. Inscript. gothiques de l'église de la Croix de Guadix.

1809. Description des bâtiments de l'Académie impériale de Saint-Pétersbourg, avec vues et plans.

1810. Tombeau de Marie-Christine, archiduchesse d'Autriche, exécuté par Canova.

1811. Dessin du bas-relief de la porte du Vardar.

1812. Inscription du marbre de Choiseul, trouvé à Athènes en 1789 (avec le manuscrit original).

1813. Tour du temple de Jupiter Bélus.

1814. Deux figures représentant la pagode de Chalembron.

1815. Représentation manuscrite d'une pierre fondamentale en marbre grisâtre, trouvée sous les ruines de l'ancien fort de la Goulette, avec une inscription espagnole de 1535.

1816. Dessins de médailles et de pierres gravées relatives aux îles de Lemnos et de Samothrace.

1817. Quatre gravures de Masquelier, représentant la bataille de Marignan, d'après le bas-relief du Primatice; des médailles sur la Suisse conservées au cabinet du roi, etc.

1818. Monnaies de Crimée, dessin. et grav. par P. Tardieu.

1819. Tableau du pair des monnaies et des changes des principales villes d'Europe, par Lefaucheur; avec figures de monnaies.

1820. Quelques notes et dessins manuscrits de Vauban.

1821. Dessins d'architecture, de fortifications, de machines, de constructions diverses, relatifs, entre autres, au palais de Versailles, à l'hôtel de Vendôme, au château de Chambord, au château de Quintin, à Dunkerque, etc.

1822. Théâtre universel des machines, par J. Van Zyl, Ticleman Van der Horst, etc.; Amsterdam, chez Schenk. 1734, 1739. — 151 planches, avec texte.

1823. Mémoire sur le graphomètre souterrain, par Komarzewski.

1824. Vues de Toulon, d'Antibes, de Bordeaux, par Ozanne.

1825. Deux vues de Bordeaux, par le chevalier de Bassemon.

1826. Vue de la ville de Cherbourg, par Pelletier.

1827. Vue de la tour de Nesle, à Paris.

1828. Ascension du mont Blanc, par Saussure et portrait du guide Jacques Balma.

1829. 17 vues d'Italie, gravées par Ballard.

1830. Deux belles aquarelles représentant des paysages de la Grèce.

1831. 48 tableaux de Melling, avec l'exposé du plan du voyage pittor. de Constantinople et des rives du Bosphore.

1832. Gravures de Beauvarlet, Lempereur, Crutelle, Simonet, Watelet, Ouvrier, Cathelin, Denon, F.-P. Michel, Winckler, Jeaurat, D'Houdan, David, etc., représentant l'enlèvement d'Europe, le jugement de Paris, l'enlèvement des Sabines, la Nativité de la Vierge, Jésus à douze ans trouvé dans le Temple, Marie-Antoinette, etc.

1833. Deux estampes représentant saint Charles prenant soin des pestiférés, d'après un bas-relief de P. Puget.

1834. Six tableaux représentant le sacre de Louis XV, avec texte in-folio et figures allégoriques, grav. par Larmessin.

———

Il se trouve un grand nombre de cartes de d'Anville, de Barbié du Bocage et de quelques autres auteurs, ne présentant que les projections, ou gravées sans la lettre, et pouvant servir à l'étude de la géographie comme cartes muettes, etc.

Il y a, en outre, du papier à dessiner ou propre à la gravure des cartes.

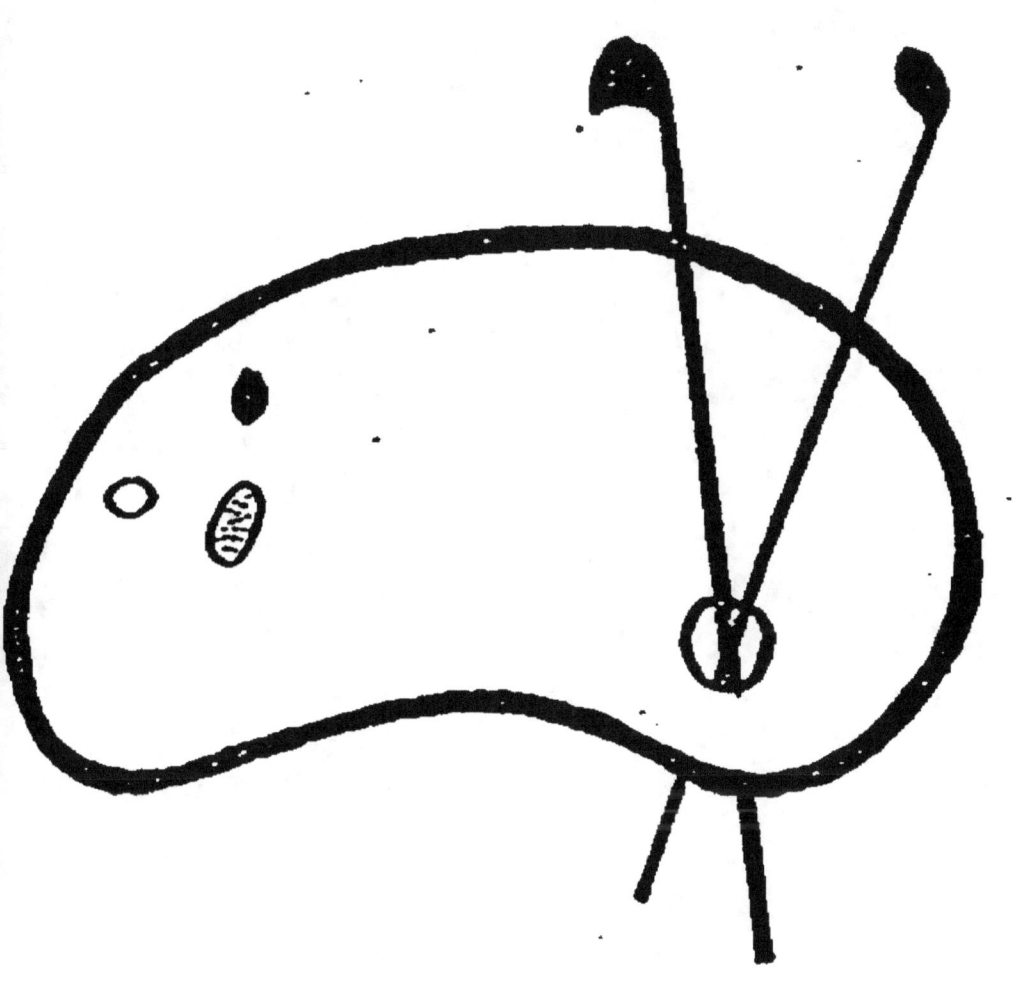

www.ingramcontent.com/pod-product-compliance
Lightning Source LLC
Chambersburg PA
CBHW060444260626
47161CB00005B/2055